Copyright © 2015 Alexander Munke
info@alexander-munke.de
www.alexander-munke.de

Alle Rechte vorbehalten, insbesondere das Recht
zur Übersetzung in Fremdsprachen. Nachdruck
oder Reproduktion, Vervielfältigung jeder Art
– auch auszugsweise – nur nach schriftlicher
Genehmigung des Herausgebers.

Herausgeber:
Alexander Munke
Der Entertrainer
Nordfeldstraße 18a
30459 Hannover
info@alexander-munke.de
www.alexander-munke.de

ISBN 978-3-00-049151-1

Printed in Germany

Nicht irgendeinen Vogel,
sondern
Deinen Adler

Dieses Foto aus dem Jahre 1960 zeigt,
dass ich schon im Alter von drei Monaten geahnt habe,
warum es gut ist, einen Vogel zu haben.

Ich bedanke mich bei meinen
AdlerFreunden und Wegbegleitern,
die mich zu diesem Buch inspiriert haben.

Mein besonderer Dank gilt
Meike Luckner und Constanze Winter
für ihre kreative Unterstützung.

Inhaltsverzeichnis

Vorwort an meine AdlerFreunde.............................9

Alexander Munke persönlich:

Meine Reise ins Leben...13

Fliege mit dem Adler!..19

Wer sagt, du kannst das nicht?.............................25

Einfach machen – Einfach machen!.......................32

Das Leben ist viel zu kurz... 37

Alexander Munke persönlich:

Meine Motivation..41

Wer schon vorher alles weiß, ist nicht unbedingt klug. 43

Menschen verzaubern...48

Die Adlersprache 53

Der Pessimist ist der einzige Mist, auf dem nichts

wächst 61

Arbeitszeit ist Lebenszeit!....................................65

Wo Schatten ist, ist auch Licht.............................71

Alexander Munke persönlich:

Adler oder Huhn? 74

Lächeln ist das Geschenk der Engel......................80

Wasch mich, aber mach mich nicht nass! 84

Hören wie ein Adler 90

Möglichkeiten muss man mögen 103

Der Kopf ist rund, damit das Denken
seine Richtung ändern kann 108

Der Adler gibt nicht auf, er steht auf! 113

Umgang mit Enttäuschungen 120

Umwege erhöhen die Ortskenntnisse 123

Alexander Munke persönlich:
Begegnungsqualität 125

Mitarbeiter oder Abarbeiter? 134

Alexander Munke persönlich:
Dienstleistungsbegeisterungsbereitschaft 140

Verantwortung 151

Nutze Deine Zeit! 154

Deine Zukunft ist nicht die Verlängerung
Deiner Vergangenheit 158

Motivation: Ein Zeichen von Lebendigkeit 164

Erfolg beruht auf Kontakten 169

Menschen machen immer das Gleiche,
erwarten jedoch andere Ergebnisse 172

Alexander Munke persönlich:
Verbindlichkeit verbindet 176

Vorwort an meine AdlerFreunde

Ich könnte auch „Liebe Leser" sagen oder „Verehrte Zuhörer", aber das trifft es nicht.

Ihr seid Freunde des Lebens und habt Freude am Leben. Ihr seid Freunde des Gestaltens, Freunde des Miteinanders und der Begegnung. Deshalb seid ihr hier. Das trifft sich gut.

Ich bin in meinem Leben viel „herumgeflogen". So habe ich viel gesehen und erlebt und habe mich dazu entschlossen, als Adler durch das Leben zu gehen. Herzlich gerne teile ich meine Begegnungen mit euch und lade in diesem Buch dazu ein, mich ein Stück der Flugstrecke zu begleiten.

Der Adler ist eine Metapher für eine Lebens-einstellung, die auf Handeln statt Warten und auf eine Qualität von Begegnung setzt, die die Herzen deiner Mitmenschen aufschließt und den Weg für gemeinsamen Erfolg öffnet. Im Kontrast dazu stehen die Hühner als Metapher. Sie symbolisieren das Treiben in der Masse der Ahnungslosen und nutzen ihr Potential nicht.

Ich sage dir auch, warum ich die Metapher Adler gewählt habe: Adler haben Herz, Mut und Verstand. Alle drei Aspekte werden wir hier beleuchten und jeder von uns hat genug davon mit auf den Weg bekommen.

Natürlich kann ich das Folgende in „Kapitel" unterteilen, doch ist dieses Wort nicht angemessen. Ich nenne es lieber „Begegnungen".

Gemeint sind die Begegnungen mit dir, von dem ja alles ausgeht. Begegnungen mit denen du in deinem Leben etwas erreichen willst. Begegnungen mit Fragen, die du dir stellst.

Das klingt poetisch und ist auch so gemeint. Das Netzwerk, das du spannst, besteht aus Menschen. *Emotional Networking* und darum geht es hier.

Wenn man, wie ich, sehr viel im Leben erlebt hat, viele Menschen getroffen und gesprochen hat, denkt man schließlich sehr einfach, sozusagen von „Mensch zu Mensch" und weiß, wie wichtig die Qualität dieser Begegnungen ist.

Vorwort an meine AdlerFreunde

Erfolgreiche Menschen sind, so wie ich sie erlebt habe, schlicht und ohne viele Schnörkel.

Wir können und sollen nicht alles begreifen, doch ist es nützlich, einen Begleiter zu haben, eine Idee vom Leben, um dann daraus etwas für sich zu gestalten. Dieser Begleiter ist „Dein Adler" und es sind die Begegnungen mit dem Adler.

Ich bin froh, erfüllt und glücklich, so einen Begleiter gefunden zu haben, einen gefiederten Freund. Aber nicht irgendeinen, sondern einen Adler.

MEINEN ADLER

Dieses Buch ist, wie meine Seminare auch, ein geistiges Büffet. Es ist reichhaltig und gut gefüllt mit Herzens- und Geistesnahrung. Du bist herzlich eingeladen. Du kannst mittendrin anfangen zu lesen, dir eine Begegnung heraussuchen, die dich in diesem Moment besonders interessiert und dann später an anderer Stelle weiterlesen.

Alexander Munke persönlich: Meine Reise ins Leben…

… war nicht mit Samt ausgelegt. Ich hätte über die Steine auf meinem Weg auch stolpern können.

Weder meine Mutter noch mein Vater hatten nach Beendigung ihrer Ehe die Kraft und die Mittel, ihre drei Kinder in einer stabilen, kindgerechten Umgebung in Hannover aufwachsen zu lassen. Aus dieser rauen Situation während der Trennungsphase meiner Eltern, geprägt von Gewalt und Entbehrungen, kam ich mit meinen beiden Brüdernzu Pflegeeltern nach Greetsiel/Ostfriesland. Wir waren elf, zwölf und dreizehn Jahre alt.

Meine Reise ins Leben

Meinen fürsorglichen Pflegeeltern bin ich heute sehr dankbar, eine relativ unbeschwerte Jugend in diesem ländlichen, bodenständigen und ehrlichen Umfeld verbracht zu haben.

Gestärkt durch das Nordseeklima und mit frischem Wind unter meinen Adlerflügeln begann ich meine berufliche „Flugbahn" in der Gastronomie.

Allein die Zeit während der Hotelberufsfachschule in Bad Reichenhall und meine Lehre zum Restaurantfachmann im Hotel Palace in Berlin ließ mich die ersten intensiven Kontakte mit Menschen aus der ganzen Welt erleben und die Dienstleistung für Menschen mit Menschen gestalten.

Später arbeitete ich bei Feinkost Käfer im Service und als Butler und Chauffeur im Privathaushalt eines Medienmanagers in München.

Durch die zahlreichen Begegnungen mit Prominenten aus Wirtschaft, Politik, Sport, Film und Unterhaltung konnte ich meine Dienstleistungsbegeisterungsbereitschaft noch vertiefen und weiter ausbauen.

So breiteten sich die Adlerschwingen, getrieben durch Neugier, Interesse und Reiselust, immer weiter aus.

Meine Reise ins Leben

Mein „Horizont" in der Schule des Lebens ist sicherlich auch durch meine siebenmonatige Reise nach Kanada, USA, Hawaii, Australien und auf die Fidschi-Inseln erweitert worden.

Eine Auszeit schwebte mir vor, Wanderjahre wollte ich erleben. Ich habe Menschen und ihr Verhalten sowie die Auswirkung ihres Verhaltens in der Dienstleistung, beobachtet. Es gab und gibt für mich kaum etwas Spannenderes. Die Erkenntnisse prägen meine Gedanken und meine innere Stimme. Sie geben meinen Seminaren die Würze und ihren Inhalt.

Die Gitarre ist seit Jahrzehnten mein Begleiter. Das Gitarrenspiel und der Gesang ist ein roter Faden, der sich durch alle Phasen meines Lebens zieht.

In Kanada bin ich zunächst 2000 Kilometer mit meinem Bündel getrampt. Eines Tages wanderte ich an einem Fluss entlang. Es war Frühling, die Bäume grünten und es war schon angenehm warm. Unter einem Baum nahm ich Platz und erblickte einen Weißkopfseeadler. Einen Adler zu Gesicht zu bekommen, ist etwas Besonderes. Ich beobachtete ihn fasziniert und ein Gefühl von Freiheit breitete sich aus.

Mit seinen wachen Augen blickte er auf den Fluss. Plötzlich hob er mit kräftigem Flügelschlag von dem Ast ab, auf dem er saß. Er schwebte lautlos flussaufwärts, kreiste einen Moment über einer Stelle und schoss dann schnell zur Wasseroberfläche hinab. Es war aufregend zu sehen, wie groß der Lachs war, den er gefangen hatte und in seinen kräftigen Krallen auf breiten Schwingen davon trug. Es erschien mir wie ein Sinnbild des Lebens, das mir der Adler zeigte.

Das „helle Köpfchen" des Adlers leuchtete wie ein Bild der Klarheit und Cleverness. Seinem scharfen Blick durch die „wachsamen Augen" entgeht nichts. Sie erkennen alles. In seinem „starken Schnabel" sah ich die Fähigkeit, das auch auszudrücken und mitzuteilen, was gesehen und verstanden wird.

Seine großen, „kraftvollen Hände" können zupacken und die Dinge angehen, die zu tun sind. Handeln!

Diese Adlereigenschaften sind eine gute Voraussetzung für ein erfolgreiches, glückliches und erfülltes Leben. Bis heute begleitet mich dieses Erlebnis und die daraus gewonnene Erkenntnis.

Diesen Schatz teile ich sehr gerne mit euch.

Gleich geht es auf die Bühne des Lebens...

gleich geht es los...

noch ein Gitarrenspiel...

und ein Lied:

„Nun Freunde, lasst es mich einmal sagen,
gut wieder hier zu sein, gut euch zu sehen..."

jetzt kommt die erste Begegnung...

Begegnung Nr. 1
Fliege mit dem Adler!

„Wer mit den Hühnern gackert,
kann nicht mit den Adlern fliegen."

Dieser Gedanke hat mich sehr bewegt. Adler und Huhn sind zwar miteinander verwandt, doch leben sie ein ganz unterschiedliches Leben.

Auf einem Rastplatz stritten sich vier Reisende. Es ging um ihre Reifenpanne und sie gackerten alle wild durcheinander. Sie sagten all das, was nicht geht. Zum Beispiel: „Wir kommen jetzt nicht weiter! Wir haben keinen Wagenheber! Wo bist du nur drübergefahren? Mach´ doch die Augen auf!"

Ein anderer Fahrer parkte direkt daneben und bekam das „Theater" mit. Spontan ging er auf die gackernde Meute zu und fragte: „Was ist passiert? Wie kann ich helfen?" Das „Gegacker" fing sofort wieder an. Er unterbrach und sagte: „Wir fragen die anderen Parkenden nach einem Wagenheber!"

Es dauerte nicht lange und die Lösung ihres Problems war da. Wagenheber und freundliche Helfer waren schnell gefunden. Bald konnte die Fahrt fortgesetzt werden.

Wer mit den Hühnern gackert, kann nicht mit den Adlern fliegen.

Der Adler ist groß und stark und er ist in der Lage, in mehreren tausend Metern Höhe seine Kreise zu ziehen. Warum tut er das?

Dein Adler spricht...

„WEIL ER ES KANN!"

Das Huhn scharrt gackernd im Sand und findet auch mal ein Korn.

Der Adler betrachtet „die Dinge" aus der Vogelperspektive, hat also die Übersicht, während das Huhn am Boden pickt, knapp über den Tellerrand hinausschauen kann und nur sein enges Umfeld im Auge hat.

Wenn wir das auf unser Leben projizieren, ist leicht erkennbar, mit welchen Metapher-Eigenschaften wir erfolgreicher sein werden. Gerade in sehr schwierigen Lebenssituationen hilft oft der Abstand, die Ruhe und Überlegung, das Betrachten der Umstände aus der Vogelperspektive, um eine Entscheidung zu treffen. Vorschnelle Entscheidungen aus einem engen Blickwinkel getroffen, entpuppen sich meist als ungünstig.

Je nachdem, wofür du dich entscheidest, so wirst du leben. Ein Adler oder Huhn zu sein – gemeint sind die Metaphern – ist deine eigene Entscheidung, nur deine Entscheidung, ganz allein, nur für dich.

Du könntest meinen, dass sich ein Jeder für ein Leben als Adler entscheidet. Das ist ein Irrtum.

Es gibt Hühner, ich rede jetzt in dieser Metapher, die wissen noch nicht einmal, dass sie sich entscheiden können, ein Adler zu sein. Diesen Hühnern kann man an jeder Ecke begegnen. Es gibt eben Menschen, die nicht wissen, dass es eine Alternative gibt. Sie stecken in ihrem Weltbild fest.

Und dann gibt es Menschen, die noch nicht einmal wissen, dass sie nicht wissen. Diese Ahnungslosigkeit ist eine Eigenschaft der Hühner.

So denken Hühner: „Das geht jetzt nicht, so sind die Zeiten eben und außerdem haben wir bestimmte Zwänge, ich habe so viel zu tun, da kann man nichts machen, das war schon immer so, etc.."

Dann gibt es Hühner, die träumen davon, ein Adler zu sein, das heißt größer, stärker und erfolgreicher zu sein. Die sind schon einen Schritt weiter. Zumindest haben sie einen Traum. Das sind die Lottospieler, die einen Euro mal riskieren, aber selber nichts tun. „Wasch mich, aber mach mich nicht nass!"

Dann gibt es Hühner, die trainieren fleißig, um zu fliegen. Wenn sie dabei Hühner bleiben, ist es gleichgültig, wie lange sie trainieren. Trainierte Hühner scharren immer noch im Sand, sie können zwar hüpfen, doch was nützt das schon.

Ein Adler zu sein bedeutet, das zu werden, was du in Wirklichkeit schon bist. Das ist ein Entwicklungsschritt, vergleichbar mit einer Raupe, die sich zum Schmetterling entfaltet und sollte möglichst in der Kindheit und Jugend stattfinden. Doch nicht jeder wächst in einer Umgebung auf, in der er sich entwickeln und entfalten kann.

Ein kleiner Adler, dessen „helles Köpfchen"
ausgebremst wird (du weißt/kannst das noch nicht!),
dessen „starker Schnabel" verboten wird (halt den
Mund), der seine Flügel nicht ausbreiten kann (sitz
still!) und keine Flugversuche unternehmen darf,
die auch mal mit einer Schramme enden (wie siehst
du schon wieder aus?), dessen „wachsame Augen"
wegschauen sollen (dafür bist du noch zu klein!) und
dessen „starke Hände" nicht zupacken dürfen (mach
das nicht kaputt/fass das nicht an!), stattdessen
Schläge, Enge und Bevormundung erfährt, wird sich
seiner längst beeindruckenden Flügelspannweite
erst einmal nicht bedienen. Doch es ist nie zu spät.
Und ich meine wirklich NIE!

Für all diese Menschen, die so oder so ähnlich
aufgewachsen sind, soll dieses Buch ein
Sparringspartner, Begleiter und ein Coach sein.

Dieser Bewusstseinswandel, vom Huhnverhalten
zum Adlerverhalten, soll hier deutlich werden,
um den Adlergedanken weiter zu vertiefen und zu
optimieren.

Fazit:

Fang da an, wo du schon sein willst, sei ein Adler. Dieser Anfang liegt in deiner Entscheidung.

Wenn du es wagst, zu fliegen, dann komm gleich mit. Hier ist die zweite Begegnung:

Begegnung Nr. 2
Wer sagt, du kannst das nicht?

„Das, was wir am meisten brauchen, ist ein Mensch, der uns dazu bringt, das zu tun, wozu wir fähig sind."

R.W. Emerson

Ich frage einen Seminarteilnehmer:

„Kannst du mit 3 Bällen jonglieren?"

Seine Antwort: „Nein"! Ich frage: „Hast du es schon einmal gemacht?" Er antwortet: „Nein!" Ich frage: „Woher weißt du dann, dass du es nicht kannst?"

Ich gebe ihm zwei von drei Bällen und sage: „Zeige mir bitte, wie du mit zwei Bällen wirfst, um dich für die drei Ball-Jonglage vorzubereiten..." und er wirft mit der rechten Hand einen Ball nach oben, den zweiten Ball übergibt er mit der linken Hand in die rechte Hand.

Das ist ein Wurfmuster, das ich bei 95 % meiner Teilnehmer beobachte, die den Gedanken hegen:

„Drei Bälle sind einer zu viel."

Mit einem neuen Wurfmuster entsteht ein neues Gedankenmuster und das heißt:

„Zwei Bälle sind einer zu wenig."

Denn nun gilt es, den Ball aus der rechten Hand nach oben zu werfen. Erst wenn dieser oben ist, den anderen Ball aus der linken Hand auch nach oben zu werfen und nicht mehr unten von links nach rechts zu übergeben. Die Neuigkeit in dem Fall ist es, den Ball aus der linken Hand auch hoch zu werfen.

Ab jetzt heißt es, dieses ein paarmal zu wiederholen, damit es zur Gewohnheit wird. Üben, üben und wieder üben!

Dadurch wird Raum und Zeit geschaffen, den dritten Ball ins Spiel zu bringen. Rechts hoch, links hoch, rechts hoch, links hoch...

Hier ein Gedanke von Albert Einstein:

„Menschen machen immer das Gleiche, erwarten jedoch andere Ergebnisse."

Dein Adler spricht...

„Wenn du immer tust, was du immer getan hast, wirst du immer bleiben, wer du schon bist!"

Schon die kleinste Veränderung in einem Grundmuster zeigt eine völlig neue Perspektive auf. Nach wenigen Minuten des Übens hat der Teilnehmer schon drei Bälle jongliert... der Stolz und die Freude waren groß. Drei Tage später bekam ich von ihm ein Video mit seiner perfekten 3 Ball-Jonglage.

Also: Umgedacht und mitgemacht!

Und nun überlege: „Wozu hast du in deinem Leben noch NEIN gesagt, weil du glaubtest, es nicht zu können?"

Wir alle haben feststellen müssen, dass wir (noch) nicht alles können und auch nicht alles können wollen oder müssen.

Zu Beginn unseres Lebens stand ein weißes Blatt Papier. Alles, was wir bis jetzt geschafft haben, ist uns beigebracht worden. Wir haben es uns abgeschaut und erarbeitet. So haben wir gelernt, geübt und schon viele Seiten im Buch unseres Lebens gefüllt.

Wir haben auch das gelernt, wovon wir uns nicht haben träumen lassen.

Jetzt, als Erwachsene, schauen wir zurück. Mit Stolz. Auch du kannst stolz sein.

Es gibt niemanden, der nichts erreicht hat in seinem Leben.

Am Anfang von alledem, was wir geschafft haben, stand die Entscheidung dafür, es tun zu wollen. Schon da trennte sich die Spreu vom Weizen, die Trennung zwischen Adler und Huhn, immer betrachtet unter den jeweiligen Umständen.

Die einen blieben am Boden und lernten das, was man lernen muss, zum Überleben.

Die anderen wollten und durften mehr als überleben, sie wollten leben und erleben.

Ich glaube, du gehörst auch zu denen, die leben und erleben wollen und das Leben wollen.

Alles, was es dafür braucht, ist unter anderem der Adlergedanke, die innere Adlerstimme und reichlich Wind unter deinen Adlerflügeln. Ein Wind, der dich über die Wolken trägt, auch über die manchmal grauen Wolken des Alltags. Der dich über Mauern fliegen lässt, die nicht aus Stein, sondern nur aus Hühnergedanken, wie z. B. „Ich kann das nicht" bestehen und im gleichen Augenblick, deine Adlerstimme dir sagt: „Und wie ich das kann!"

Was fehlt mir noch? Ich werde solange üben, bis ich es kann!

Sich einfach der Freiheit bedienen, sich selbst entscheiden, seine selbst gesetzten Grenzen, die nur im Kopf vorhanden sind, überwinden.

Das ist die Stimmung, die das Lied „Über den Wolken" vermittelt und beschreibt.

„Über den Wolken muss die Freiheit wohl grenzenlos sein...", das ist ein Lied, das in dir tönen könnte und der Sänger bist jetzt du.

Dabei immer wieder das „Hühnertal der beschränkten Möglichkeiten" überfliegen und sich bewusst machen, selbst „der Held im Abenteuer des eigenen Lebens" zu sein. Dies lässt jede Menge Adrenalin bis in die Flügelspitzen schießen. Kraftvoll ziehst du deine Kreise und planst schon die nächste Flugroute.

Die Adler packen an, sie probieren und nutzen ihr Potenzial, das „helle Köpfchen". Sie üben und lernen, bis sie es auch im Schlaf können. Wohl dem, der Eltern, Partner und Freunde hat, die in dieser Zeit ermutigend für ihn da sind und waren.

Natürlich ist aller Anfang schwer und der Glaube an sich selbst ist erfolgsentscheidend. Wir wissen, dass KÖNNEN eine natürliche Folge von WOLLEN, ÜBEN und TRAINIEREN ist. Dafür sind wir hier zusammen.

Frag nicht, ob du es kannst, frag dich, ob du es willst!

Herzlichen Dank lieber Michael Hüter aus Bochum!

www.hueter-karikatur.de

Begegnung Nr. 3
EINFACH machen – einfach MACHEN!

Mein Freund Markus bereitet sich gerade mit einem ausgeklügelten Trainingsplan auf einen Halbmarathon vor. Er arbeitet sehr viel und oft auswärts. Er hat wenig Freizeit und weiß gar nicht, wann er seinen Trainingsplan erfüllen soll. Wenn er von der Arbeit zurückkommt, ist es spät und dunkel. Markus überlegt es zu lassen, er hat nur noch 12 Wochen zur Vorbereitung. Doch er beschließt, es durchzuziehen und nutzt einfach seine Arbeitswege zum Trainieren. So ist er genauso früh zu Hause ohne den täglichen Nachmittagsstau. Wir stolpern oft über Steine, die wir uns selber in den Weg gelegt haben. Diese Steine bestehen aus Zweifeln, Bedenken und zu vielen Gedanken. Meist aus unnützen Gedanken.

Wie ein Zaun halten dich die Gedanken vom Handeln ab und lassen dich zögern. Wenn du es genauer betrachtest, dir aus Adlersicht einen Überblick verschaffst, wirst du Folgendes feststellen:

Zwei Hindernisse stehen dir im Weg:

1. Du machst es zu kompliziert!

Das sind die unnützen Gedanken.

Die erfolgreichsten Menschen haben mit sehr einfachen Ideen ihren Erfolg begründet. Beispielsweise die Brüder Albrecht, die ALDI gegründet haben. Sie haben ihre Läden einfach gemacht, keine Schnörkel und damit sind sie groß geworden. McDonalds, um ein weiteres Beispiel zu nennen, hat ein einfaches Prinzip: Die Produktion der Burger ist überall gleich und so standardisiert, dass auch angelernte Kräfte produzieren können. So werden Kosten gering gehalten und es kann preiswert verkauft werden.

Was in den großen Projekten gilt, gilt auch für dich!

Was kannst du in deinen Projekten vereinfachen, was kannst du einfach machen?

Du kannst dir folgende Fragen stellen:

a. Habe ich das, was ich möchte, selber klar vor Augen, habe ich es formuliert oder gibt es nur eine vage Idee, wie z.B.„Ich möchte möglichst viele Kunden haben." Das ist unklare Hühnersprache und daher kraftlos.

b. Ist das, was ich mache, meinen Kunden klar und einfach verständlich?

c. Spreche ich eine einfache Sprache?

d. Ist mein Zugang zu meinen Kunden einfach und direkt? Bin ich einfach und direkt erreichbar?

Das „helle Köpfchen" des Adlers, das Weiß der Federn ist das Symbol für Klarheit und Klarheit ist Einfachheit. Du hast diese Fähigkeit. Klarheit und Einfachheit ist keine Zauberei.

Also: Mach es EINFACH

2. Du machst es einfach nicht.

Da sind die vielen Gedanken, die Zweifel und Bedenken, die den ersten Schritt verhindern. Schau nun selbst:

Jede Reise beginnt mit dem ersten Schritt.

Dazu brauchst du den Mut des Adlers. Mut ist eine Eigenschaft, die dir mitgegeben ist. Alle Menschen haben Mut bis zu dem Zeitpunkt, wo sie sich in

Gedanken verlieren und sie das Wort „Aber" regiert. Für alles gibt es ein „Wenn" und „Aber". Woher weißt du, dass das nicht geht oder was auch immer der Hühnerhof der Gedanken dir rät und dich festhält.

Adler wissen, dass sie nur dann Erfahrungen sammeln, wenn sie etwas tun.

Ich bin an der Nordsee in Ostfriesland großgeworden. Kennst du das Gefühl des Anbadens nach dem langen und kalten Winter? Bei dem ersten Schritt ins „kalte Wasser" fangen die Gedanken an zu rotieren. Ist es nun zu kalt oder nicht? Im Moment des Eintauchens werden diese Gedanken durch ein wunderbares Kribbeln auf der Haut ersetzt. Wohlige Wärme, Vorfreude auf die Badesaison und all die schönen Gedanken schießen jetzt durch den Kopf, welche ohne den „ersten Schritt" ausgeblieben wären.

Also: Es einfach MACHEN!

Du wirst es auf deine Art und Weise machen und du kannst es machen.

Dein Adler spricht...

„I Did It My Way"

Begegnung Nr. 4

Das Leben ist viel zu kurz für ein langes Gesicht

In meiner Mittagspause besuchte ich unseren benachbarten Bäcker. Die Verkäuferin im reiferen Alter empfing ihre Kunden mit einer sehr ernsten Miene, sozusagen mit einem „langen Gesicht".
Sie war versunken in ihrem Alltagstrott. Ich kam an die Theke und entdeckte ihr Namensschild, mit dem wohlklingenden Namen Herzel. Ganz spontan mit einem Lächeln in meinem Gesicht schoss es aus mir heraus:
„Frau HERZEL, mit diesem Namen liegen Sie ja sechs Meter vorne! Automatisch denke ich an Herzlichkeit und an mütterliche Herzenswärme, sowie selbstgebackenen, warmen Apfelkuchen."

Frau Herzel blickte auf, mir in die Augen und strahlte wie ein Honigkuchenpferd. Ich sagte zu ihr: „Das Leben ist viel zu kurz für ein langes Gesicht. Ich freue mich sehr, dass Sie das auch so sehen."

Zu unserer Geburt ins Leben sind wir alle reich beschenkt worden.

Das erste Besondere dieser Geschenke liegt darin, dass sie ihren Wert nur dann entfalten, wenn du sie nutzt, sonst sind sie wertlos.

Das zweite Besondere ist, dass jeder von uns bei seiner Geburt, bei aller Unterschiedlichkeit seiner ererbten Anlagen, sozusagen als „Zugabe" die gleichen Geschenke erhalten hat. Das Lächeln!

Und drittens, nicht jeder nutzt diesen Schatz. Geschenke, die dir das Leben gibt, werden nur durch dein Zutun wertvoll. Dadurch unterscheiden sich Adler, die die Möglichkeiten nutzen, von Hühnern, die sich selbst im Hühnerhof gefangen halten.

Das Geschenk, von dem wir hier reden, ist ein uraltes Lebenselixier. Es ist so etwas wie seelische Nahrung und es ist hoch wirksam.

Der Zauber des Lächelns ist überdies, dass, wenn wir es zeigen, wir ein Vielfaches von dem, was wir geben, zurückerhalten.

Dieses Elixier ist einfach beschrieben:

Es ist ein freundlich dreinschauendes Gesicht, eben ein Lächeln.

Der Zauber dieser Freundlichkeit, die du und ich schon oft erlebt haben, ist die Wärme, die von ihm ausgeht und im Gegenüber die Lebenslust und Aufmerksamkeit erwecken kann.

Ein freundliches Gesicht erzeugt eine freundliche Antwort und verbindet auch ohne Grund. Das ist ein Naturgesetz. Niemand kann sich einem freundlichen Gesicht entziehen.

Du und ich wissen nicht, wie lange wir leben werden. Vielleicht ist unser Leben kurz und vielleicht währt es lange. Auf jeden Fall erscheint es uns immer zu kurz. Und wenn es dann schon so kurz ist, warum nutzen wir unsere Geschenke nicht?

Stell dir vor, du könntest wie ein Adler fliegen. Über dir der blaue Himmel und unter dir die Wolken. Deine Natur wird dich nach vorne schauen lassen, ins Blau über die Wolken.

Das Blau ist nicht Träumerei. Der Blick auf das Blau, die Weite, in die du schauen kannst, wird jenes Lächeln auf dein Gesicht zaubern, das die Menschen um dich herum auffangen und dir vielfach zurückgeben werden.

Wenn du nach vorn schaust, siehst du die Zukunft.

„Wer die Gegenwart genießt,
hat in der Zukunft eine schöne Vergangenheit."

Du liegst in ihren Armen und atmest ihr Parfum.
Du müsstest dich schon zwingen, ein langes Gesicht
dabei zu machen. Und selbst wenn, das wäre nicht
der Mühe wert.

„Es kommt nicht darauf an, dem Leben mehr Jahre
zu geben, sondern den Jahren mehr Leben."

Alexis Carrel

Dein Adler spricht...

„Mehr Leben ist mehr Lächeln,
mehr Lächeln ist mehr Leben."

„Wer kein freundliches Gesicht hat,
der sollte kein Geschäft betreiben."

Chinesische Weisheit

...oder darin arbeiten. ;-)

Alexander Munke persönlich:
Meine Motivation

Meine Motivation ist das Resultat meiner Arbeit!
Die Gewissheit, dass...

...ein Leben leichter atmet,

...ein Lächeln mehr entsteht,

...ein Gedanke mehr gedacht,

...ein Bewusstsein mehr geschärft,

...ein Talent mehr gefördert,

...ein positives Wort mehr gesprochen,

...ein unfassbares „fassbarer" wird,

und wenn...

...unklares zur Klärung kommt,

...aus Gleichgültigkeit Anteilnahme wird,

...Vertrauen wächst,

...Ängste sich in Mut verwandeln,

...Energie freigesetzt wird,

...Beziehungen besser werden,

...der erste Schritt getan wird,

...sich etwas in Bewegung setzt,

...nur ein Impuls zum Denken anregt

Meine Motivation

...eine Inspiration, eine Anregung und ein Tipp zum Wachstum und Handeln führt und dadurch positive Kommunikation, aktiver Verkauf und gelebter Service sich verbessern, dann macht es mir sehr große Freude, immer und immer wieder mit Menschen zusammen zu arbeiten und sie zu begleiten.

Begegnung Nr. 5

Wer schon vorher alles weiß, ist nicht unbedingt klug!

Dein Adler spricht...

> *„Was andere von dir denken,*
> *geht dich gar nichts an.*
> *Denn es ist nur das, was du glaubst,*
> *was andere von dir denken!"*

Vor einigen Tagen saß ich in der Straßenbahn. Neben mir saß eine junge Frau, die jedoch ein völlig zerschrammtes Gesicht hatte und ein Veilchen am linken Auge. Die Blicke der übrigen Passagiere klebten auf ihrem Gesicht. Natürlich macht sich jeder so seine Gedanken und auch ich dachte zuerst, dass sie wohl geschlagen wurde. Sie lächelte mich an und ich dachte mir, sie lächelt, obwohl sie angestarrt wird und Verletzungen im Gesicht hat. Frage sie und mutmaße nicht, dachte ich mir. Ich sagte: „Sie haben auch mit Ihrer Verletzung ein bezauberndes Lächeln. Sie antwortete: „Ich hatte einen Autounfall, habe mich mehrmals überschlagen und bin so froh, dass ich nur diese Schrammen habe.

Ich habe großes Glück gehabt."

Würden wir gefragt, ob wir wüssten, wie unser Gegenüber, unser Chef, der Mitarbeiter oder ein Kunde auf eine Frage, eine Bitte oder auch nur eine Bemerkung reagieren wird, werden die meisten Menschen behaupten, sie wüssten das einzuschätzen, zumindest innerhalb ihres unmittelbaren Umfelds.

Wenn man weiter fragt, wie sicher sie sich darüber sind, werden die meisten allerdings keine Wette mehr darauf eingehen, dass ihre Vermutung stimmt. Trotzdem richtet sich ihr Verhalten nach dem, was sie über andere Menschen denken: Man weiß ja schon vorher wie der Andere reagiert.

Betrachtet man dieses Verhalten genauer, müsste man zu dem Schluss kommen, dass nichts außer dem, was man für möglich hält, auch wirklich möglich ist. „Weil nicht sein kann, was nicht sein darf", frei nach Goethe.

Konsequent zu Ende gedacht, liefe dann unser Leben mit unseren Mitmenschen wie auf einer Schiene. Es wäre vorbestimmt und die Menschen um uns herum wären nur Figuren. Vorhersehbare

Figuren mit Rollen in einem Theaterstück, das längst geschrieben ist.

Die Aussicht, etwas zu verändern, eine bessere Antwort zu erhalten, erfolgreich zu sein, wo wir es bis dahin nicht waren, ist nicht mehr vorhanden, wenn du in dieser Falle bist.

Die Chance, etwas zu erreichen, wo du vorher nichts erreicht hast, zerschmilzt in dieser Sichtweise.

Wenn du darüber nachdenkst, findest du selber einige Beispiele für solche festgelegten „Wahrheiten" oder „Schubladen", in die du deine Mitmenschen gesteckt hast. Die Menschen, mit denen du ja mehr erreichen willst, als bisher möglich war.

Da gibt es den Chef mit seinen von uns angedichteten Eigenschaften. Da ist der Mitarbeiter, den wir in einer Schublade halten und da ist der Kunde, von dem wir meinen zu wissen, wie er denkt und reagiert.

Die Gedanken sind frei. Wenn sie uns jedoch selber unfrei machen, sind sie ungünstig.

Engstirnigkeit ist immer hinter den Gedanken versteckt, die uns einreden, wir wüssten schon, was passieren wird.

Dein Adler spricht...

„Manche Menschen sind so engstirnig, dass sie mit beiden Augen durch ein Schlüsselloch schauen können."

Wir wissen es tatsächlich nicht, welche Reaktion unser Kunde oder Gesprächspartner beispielsweise zeigen wird. Diese Fehleinschätzung über ein Wissen, das wir nicht haben und das uns oft beschränkt, ist „Hühnerdenken".

Hühner glauben nicht, dass sie dumm sind und sie haben einen Beweis dafür. Wenn der Hühnerkollege auch schon weiß, wie es alles ist, dann stimmt das allerdings nur deshalb, weil alle es sagen und die Hühnerweisheit lautet dann: „So ist es eben" und „Da kann man nichts machen".

Der Weg aus dem Hühnerhof ist einfach. Sei realistisch, tu etwas, anstelle im Chor der ahnungslosen Hühner deine Möglichkeiten zu begraben.

Hier kommt gleich eine Möglichkeit für dich in der nächsten Begegnung.

Begegnung Nr. 6

Menschen verzaubern

Die Schönheit der Dinge lebt in der Seele dessen, der sie betrachtet, hat der schottische Philosoph David Hume gesagt.

Ob eine Rose schön ist oder nicht, hat etwas mit dem Betrachter zu tun. Er lässt die Schönheit entstehen. Das Zauberhafte kommt vom Betrachter, in seiner Wahrnehmung und ausschließlich in seiner persönlichen Wahrnehmung liegt der Zauber der Rose.

Menschen zu verzaubern ist keine Zauberei, nichts magisches. Es ist das Wissen, das Adlerwissen um die Art und Weise, wie wir mit Menschen umgehen.

Wenn wir also dieses Adlerwissen in unseren Alltag überführen, sind wir den Hühnern sehr weit voraus. Warum? Hühner wollen nicht zaubern, sie sind passiv und fremdbestimmt. Adler sind aktiv und nutzen dieses Wissen, damit ihre Beziehungen funktionieren.

Lass uns das an einem Beispiel untersuchen:

Du kennst sicherlich die Kassiererinnen an den

Supermarktkassen. Sie wirken meist desinteressiert, arbeiten monoton vor sich hin, sie scannen die Produkte ein und du bist ein Irgendwer.

Vielleicht denkst du noch an die Zeiten, als du im „Tante Emma Laden" um die Ecke eingekauft hast und wegen der Freundlichkeit der Inhaberin das Einkaufen für dich angenehm war und manchmal hat sie dir etwas zum Kauf empfohlen und du bist diesem Rat gern gefolgt. Ihr Beide habt in dem Moment gewonnen, du hast etwas schönes bekommen und sie hat etwas schönes verkauft.

„Mache dir die Welt, wie sie dir gefällt",
sagte sinngemäß schon Pipi Langstrumpf!

Und hier kommt wieder eine wahre Begegnung!

Ich stehe an der Kasse des Supermarktes in der Schlange und sehe wie die Kassiererin die Artikel emsig über den Scanner zieht. Die zwei Kunden vor mir sind bereits „abgefertigt". Ich komme näher und sehe den Namen Heidenreich auf ihrem Namenschild. Ein kurzer Blick von ihr nach oben und ein trockenes „Hallo" erreicht meine Ohren!

Ich erwidere: „Frau Heidenreich, Frau Heidenreich, wissen Sie eigentlich, warum ich immer zu Ihnen komme, wenn ich hier einkaufe?"

Ungläubig schaut sie mich mit einem Lachgrübchen in der Wange an und hat ein Fragezeichen auf der Stirn. Auf ihr kurzes „nein" sage ich: „Weil ich das Gefühl habe, dass Sie sich im Besonderen freuen, dass ich da bin." Sie konnte sich ein herzliches Lachen nicht verkneifen und wir kamen ins Gespräch. Bei den folgenden Einkäufen wurde ich von nun an freundlich und sogar mit Blickkontakt begrüßt.

Auf ihre Frage, was ich denn beruflich mache, gab ich ihr meine Visitenkarte und ließ sie wissen, dass ich Trainer in den Bereichen Begegnungsqualität und Dienstleistungsbegeisterungsbereitschaft bin. Seitdem werde ich von ihr auch mit Namen angesprochen.

> *„Wenn Du das Gesicht der Welt verändern willst, dann beginne bei dir selbst."*
> Mahatma Gandhi

Alle Menschen haben den gleichen Wunsch, auch wenn sie ihn nicht andauernd äußern:

Menschen möchten gesehen werden, niemand möchte eine Nummer oder ein Irgendwer sein.

Hier liegt der Schlüssel zum Tor, zum Herzen eines Menschen. Das ist der Unterschied, den du machen kannst. Dieses Tor öffnet sich, wenn du einen einfachen Satz beherzigst:

Dein Adler spricht...

> *„WENN DU INTERESSANT SEIN WILLST,*
> *SEI INTERESSIERT"*

Interesse zeigt sich in dieser Situation ganz einfach darin, dass du dein Gegenüber, wenn möglich mit Namen ansprichst. So simpel ist es, aber kaum jemand tut es!
Du bist mit einem Male nicht mehr nur ein Irgendwer. Aus einer anonymen Begegnung ist die Möglichkeit einer Beziehung geboren.

Der Adler kreiert Beziehungen. Hühner denken über Reaktionen auf bestimmte Käufertypen nach, Adler kreieren ihre Kunden, ihre Mitmenschen, ihr Leben. Sie kreieren sie so, dass sie sich öffnen, öffnen für ein gemeinsames Geschäft, was auch immer. Diese Erkenntnis ist universell.

Qualität der Begegnung/Beziehung ist kein Selbstzweck, es soll beiden Nutzen bringen.

Allein dieser erste Schritt verzaubert oder anders gesagt, öffnet das Tor zu einem Menschen, den du gewinnen möchtest.

Eine gute Begegnung ist die, aus der heraus etwas entsteht. Das wird immer darauf basieren, dass dein Kunde, Mitarbeiter oder wer auch immer etwas menschliches erfährt. Diese Erfahrung ist eine Schnellstraße zu unser aller Herzen. Gesehen und erkannt zu werden, oder mit seinem Namen angesprochen zu werden.

Es gibt noch mehr über Begegnungen zu wissen, das ist erst der Anfang. Es hat immer mit dir zu tun, mit deiner Entscheidung, ein Adler oder ein Huhn zu sein.

Einverstanden?

Begegnung Nr. 7
Die Adlersprache

Positiv formuliert, lösungsorientiert, zukunftsorientiert, angebotsorientiert!

Wie man in den Wald hineinruft, so schallt es heraus, heißt ein Sprichwort. Die Form deiner Sprache bestimmt wesentlich, welche Antwort du bekommst. Das „Wie" dominiert oft den Inhalt. Du kannst inhaltlich das Gleiche sagen oder meinen und erhältst unterschiedliche Antworten, je nachdem, wie du sprichst. Wenn zwei Menschen das Gleiche sagen, ist es eben nicht das Gleiche.

Mit Hilfe der Sprache gestalten wir unser Leben. Am Anfang war das Wort, so heißt es schon in der Bibel. Sprache ist DAS Mittel, um Menschen zu verbinden. Der Turmbau zu Babel ist das Sinnbild für die Schwierigkeit, die wir dabei in der Kommunikation untereinander haben.

Adler wissen um diese Klippen. Es gibt sicher nicht das Patentrezept. Doch es gibt Möglichkeiten, besser an den Mann oder die Frau zu bringen, was du sagen willst. Diese Möglichkeit basiert auf der „Grammatik der Emotionen".

Das Prinzip dieser Grammatik beruht auf einer Erkenntnis:

Dein Adler spricht...

„Menschen wollen gehört und respektiert sein"

Nur so können wir erfolgreich miteinander kommunizieren. Aus dieser Erkenntnis habe ich die Adlersprache entwickelt.

Diese Sprache hat Regeln, die ich gerne mit Beispielen darstellen werde. Wenn du das Prinzip der Grammatik der Emotionen beachtest, kannst du diese Sprache in deinen Arbeits- oder Lebensbereich selbst übersetzen.

Es gibt in der Adlersprache fünf Regeln, genau so viele, wie du Finger an einer Hand hast.

Regel Nr. 1 der Adlersprache lautet:

Formuliere positiv!
Positive Formulierung bedeutet nicht, wie
es auf den ersten Blick scheinen mag, dass
du inhaltlich nur Positives sagst, sozusagen
„weichgespültes BlaBla", sondern gemeint ist,
dass deine Botschaft angenommen wird.
Menschen werden in der Regel nur Botschaften
annehmen, in denen sie ihr Gesicht
wahren können, deshalb kommen positive,
gesichtswahrende Botschaften immer (!) an
und halten die Beziehung lebendig.

Ein Beispiel:
„Da haben sie mich falsch verstanden!"
Wer ist dann der Dumme? Klar, der andere
und er wird sein Gesicht wahren wollen. Wer
will schon derjenige sein, der wieder nichts
verstanden hat? Du greifst dein Gegenüber an!
Wer seinen Kunden angreift, hat verloren.
Oder würdest du beim Flirten sagen: „Du hast
den falschen Hut auf?"
Die emotionale Grammatik der Adlersprache
berücksichtigt dies und zollt dem Gegenüber

Respekt und das klingt so:

„Ich habe mich falsch ausgedrückt, ich meinte Folgendes."
Du brichst dir keinen Zacken aus der Krone, wenn du die Verantwortung dafür, wie du verstanden wirst, auf dich nimmst.
Das ist im Hinblick auf das, was du erreichen willst – nämlich gehört zu werden – ziemlich intelligent. Nur Hühner meinen, dass ihr Gegenüber nichts versteht und das ist der gerade Weg in den Hühnerstall. Dann wird gegackert, diskutiert und man vergisst, worum es eigentlich geht: Gemeinsam etwas zu erreichen für dich und für deine Kunden.
Positive Kommunikation, die Adlersprache, öffnet dir das Tor.

Regel Nr. 2 der Adlersprache lautet:

Denke und formuliere lösungsorientiert!
Du kannst lange darüber reden, warum etwas nicht funktioniert und du wirst in eine Falle laufen. Ich frage dich: Willst du gemeinsam mit deinem Gegenüber eine Lösung?

Ja, wirklich? Dann richte das Gespräch darauf aus und stelle offene Fragen von hoher Qualität.

Ein Beispiel:

Der Mitarbeiter sagt: „Mir ist meine Arbeit zu viel!"

Der Adler sagt: „Was meinst du konkret? Was genau ist zu viel? Wie kann eine Lösung aus deiner Sicht aussehen?" Ein Huhn dagegen, lässt sich gerne auf eine Diskussion ein, in der es häufig um Gewinner oder Verlierer geht. Z.B.: „Das stimmt doch gar nicht, die Arbeit ist nicht zu viel, das mache ich mit links...." usw. Diskussion und Streit ist die Folge, nicht etwa eine Lösung!

Regel Nr. 3 der Adlersprache lautet:

Denke und formuliere zukunftsorientiert
Wir können die Vergangenheit nicht verändern, aber wir können und wollen die Zukunft gestalten. Hier ist unser Aktionsfeld und das sollte sich in der Kommunikation ausdrücken.

Die Adlersprache

Ein Beispiel:

Du hast vielleicht einmal zu einem Mitarbeiter gesagt: „Du hast schon wieder den Kopierer nicht ausgeschaltet!"

Diese Aussage deutet in die Vergangenheit und möglicherweise wirst du irgendeine Ausrede hören oder wahrscheinlich einen Disput haben. Das ist sicherlich nicht das, was du möchtest.

Ein altes Sprichwort aus Sambia sagt:
„Wenn sich zwei Elefanten streiten,
leidet das Gras am meisten darunter."

Also, wie wäre es mit diesem Satz: „Bitte schalte in Zukunft den Kopierer aus, wenn du als letzter aus dem Büro gehst. Dann kann das System einmal abkühlen und wir sparen außerdem auch noch Strom."

Das bietet keine Reibungsfläche, ist respektvoll, ohne Angriff der Person, ist klar für die Zukunft formuliert und wird funktionieren.

Regel Nr. 4 der Adlersprache lautet:

Denke und formuliere angebotsorientiert!

Ein Beispiel:

Die Assistentin sagt dem Anrufer:

„Der Chef ist jetzt nicht da!" Sie kann auch sagen: „Danke für Ihren Anruf, unser Chef ist am Nachmittag wieder im Büro und wird sie gerne zurückrufen. Wann passt es ihnen am besten?"

Der Unterschied liegt hier darin, dass ein Angebot gemacht wird. Jeder hat dafür Verständnis, dass der Chef nicht da ist und er möchte wissen, wann er ihn erreichen kann. Er möchte ein Angebot haben und damit wird seiner Bitte Respekt erwiesen.

Das ist die Grammatik der Emotionen, die Adlersprache.

Regel Nr. 5 der Adlersprache lautet:

„Sog statt Druck"

Ein Beispiel:

Du sagst: „Das musst du bis zum 15. März fertig haben." Du kannst sagen: „Wie lange wirst du für deine Arbeit brauchen?"

Das Gras wächst nicht schneller, wenn du daran ziehst.

Druck entsteht in Notsituationen. In normaler
Kommunikation wirst du erfolgreicher sein,
wenn du einen Freiraum eröffnest, in den
dein Gegenüber geht und selbst eine Antwort
gibt, über die ihr verhandeln könnt. Du
wirst das, was du erreichen willst, mit dieser
Kommunikation auch erreichen und du hast
einen zusätzlichen Gewinn: Dein Gegenüber
hat seine Freiheit respektiert bekommen.
Menschen tun das am besten, was sie
wollen. Wenn sie getrieben werden, werden
sie widerwillig. Das ist die Grammatik der
Emotionen, das ist die Adlersprache.

Du hast es also in der Hand. Jeder Finger steht für
eine Regel und daran kann man sich leicht erinnern.

Begegnung Nr. 8
Der Pessimist ist der einzige Mist, auf dem nichts wächst!

„Ein Zocker in der Spielbank jammert: „Mein ganzes Geld ist weg!" Der Optimist sagt: „Das Geld ist gar nicht weg, das hat jetzt nur ein anderer!"

Und noch einer...;-)

„Der pessimistische Single sagt: Immer muss ich allein schlafen, mein Bett ist halb leer. Der Optimist sagt: Mein Bett ist halb voll!

„Pessimismus ist eine Lebensauffassung mit einer Grundhaltung ohne positive Erwartungen und Hoffnungen. Desweiteren bezeichnet das Wort auch eine durch negative Erwartung bestimmte Haltung hinsichtlich der Zukunft, sowie eine Auffassung, nach der die bestehende Welt schlecht und eine Entwicklung zum Besseren nicht zu erwarten sei." Soweit die Definition.

Dem „Pessi-Mist- en" fehlen wichtige Nährstoffe, damit darauf etwas wachsen kann. Nährstoffe wie z.B. Mut, Zuversicht, Disziplin, Fokussiertheit, Wille,

Durchhaltevermögen, Kraft und der Glaube an das Gelingen. Der Pessimismus ist eine Haltung, die sich in jedem von uns versteckt, sie ist nicht offenbar. Niemand wird sagen „Ich bin ein Pessimist!" Er hat sicher Recht, nur wird bei genauerem Hinsehen offenbar, dass es Bereiche in deinem Leben gibt, die du pessimistisch siehst.

Der Hühnerstall wird empört reagieren und sagen „Wir sehen alles positiv". Mag sein, nur besteht ein Unterschied zwischen dem, was du sagst und dem, was du tust.

Um nur ein Beispiel zu nennen: Manche haben zu viele Kilos auf der Waage. Klar, sie tun etwas, weil sie sich besser fühlen wollen, nur tun sie das nicht wirklich und nicht nachhaltig. Die Wahrheit ist, sie haben nur den Wunsch, verfolgen ihn gelegentlich, aber letztlich ohne Kraft. Die Kilos sind nach der Kur wieder drauf.

Wer nicht wirklich etwas tut, hat sein Projekt aufgegeben. Der Pessimist hat es aufgegeben, in bestimmten Bereichen seines Lebens oder in bestimmten Beziehungen aktiv und nachhaltig zu agieren.

Das Ergebnis ist offensichtlich: Der Pessimist ist der einzige Mist, auf dem nichts wächst, vor allem keine Ergebnisse.

Wenn wir noch ein wenig tiefer schauen, sagt der Pessimist: „Ich bin entschlossen, dafür zu sorgen, dass ich keinen Erfolg habe!"

Das, was du denkst, bestimmt dein Handeln und wenn du glaubst, dass du keinen Erfolg hast, hast du gute Chancen, das auch wahr zu machen.

Die Hühner werden jetzt wieder gackern und das bestreiten, um gut - am meisten vor sich selbst - dazustehen.

Das Zauberwort des Pessimisten lautet: „Das geht nicht" und die Hühner haben dafür jede Begründung und Bestätigung: „Ich hab´s doch gleich gewusst"!

Der Adler weiß, dass sich die Erfahrungen von gestern nicht unbedingt in der Zukunft wiederholen werden. Das Ziel, das gestern nicht erreicht wurde, muss nicht aufgegeben werden.

Vielleicht müssen wir nur etwas anders machen. Vielleicht sind wir die Quelle des Misserfolgs und nicht unser Umfeld, die schlechten Mitarbeiter, die dummen Kunden....

Pessimisten sind faul, sie liegen in der Hängematte ihrer negativen Erfahrungen, schade.

Das Gegenteil von Pessimist ist nicht Optimist, wie die Hühner meinen.
Es gibt nicht das Gegenteil von Pessimist, es gibt jedoch etwas, was man dem Pessimismus entgegensetzen kann, nämlich diese Einsicht:

Dein Adler spricht...

> *„Was gestern war, mag schief gelaufen sein, was morgen geschieht, liegt in meiner Hand."*

Das ist eine Einladung, die dir Dein Adler gibt. Das Annehmen liegt bei dir.

Begegnung Nr. 9

Arbeitszeit ist Lebenszeit!
Arbeitsqualität ist Lebensqualität!

„Wer seine Arbeit liebt, muss nie wieder arbeiten!"

Konfuzius

„Arbeit ist sichtbar gemachte Liebe."

Khalil Gibran

Jeder von uns kennt die Brückentage. Das sind die Tage, wo man, ohne sein Urlaubstagekonto zu sehr zu belasten, wenn es gut läuft, zum Beispiel mit 3 Urlaubstagen einen 10-tägigen Urlaub machen kann. Urlaub von der Arbeit, der sicher verdient ist.

Was ist der Unterschied zwischen Urlaub und Arbeit? Außer der Tatsache, dass du nichts tun musst?
Über die Qualität des Urlaubs brauchen wir nicht zu sprechen.

Wie sieht die Qualität der Arbeit aus?
Du arbeitest täglich ca. 8 Stunden, ca. 8 Stunden schläfst du und die restlichen 8 Stunden hast du Freizeit oder erledigst andere Dinge.

Ist das wirklich so? Sind wir nicht immer irgendwie mindestens ca. 12 Stunden am Tag mit unserem Job beschäftigt!?

Arbeitszeit ist also ein großer Teil deiner Lebenszeit und die Qualität, die du dabei erlebst, ist Lebensqualität.

Arbeit ist unser aller Leben.

Manche sagen: „Ich muss leider zur Arbeit." Stell dir vor, jemand würde am Flughafen sagen: „Ich muss leider in den Urlaub."

Lebensqualität ist die Qualität dessen, was ich erlebe und dieses Erlebnis basiert auf den zwei Adlerfüßen, die dir den sicheren Stand und die Grundlage geben, mit Freude bei der Arbeit zu sein, weil du das verdienst. Hier sind deine zwei Adlerfüße:

> *Adlerfuß Eins: Was ich tue, liebe ich.*
> Gut, wenn es so ist. Es mag allerdings im Laufe der Zeit so sein, dass du deine Arbeit nicht mehr so gerne tust, sie ist Last geworden und nicht mehr Lust. Das passiert jedem irgendwann einmal und ist ganz natürlich. Die Frage ist nur, wie du damit umgehst.

Du hast es verdient, Freude an der Arbeit zu haben oder anders ausgedrückt, die Freude an der Arbeit wieder zu entdecken.

Dein Adler spricht...

„Vom Widerwillen zum wieder Wollen"

Hühner warten an dieser Stelle auf ein Wunder, z.B. in Gestalt eines neuen Chefs oder Kollegen. Umgekehrt hoffen Vorgesetzte auf neue motivierte Mitarbeiter.

Du hast eine reale Möglichkeit, dich wieder zu motivieren:

Verändere das, was dich stört.

Das klingt banal. Aber wer soll es denn verändern, wenn nicht du. Adler nehmen ihr Schicksal selbst in die Hand, mit Herz, Mut und Verstand. Zu dieser Veränderung brauchst du wirksame Werkzeuge.

Hier sind die Werkzeuge des Adlers, um die dunklen, grauen Wolken von deiner Sonne der Motivation zu schieben:

Eine Verstimmung, die sich auch durch Motivationslosigkeit zeigen kann, hat in der Regel vier Ursachen, um die du dich zu kümmern hast:

1. *Zwischen dir und deinen Kollegen/Partnern gibt es nicht erfüllte Erwartungen.*
   Erwartungen sind oft nicht ausgesprochen. Auch die nicht erfüllten unausgesprochenen Erwartungen frustrieren. Frage: Kennst du GENAU die Erwartungen von deinen Kollegen/Partnern an dich? Und weiter: Kennen deine Kollegen/Partner deine Erwartungen an sie?

2. *Sind Eure Vereinbarungen untereinander eingehalten?*
   Vereinbarungen verbinden, dazu kommen wir später.

3. *Hast du die notwendigen Informationen für deine Arbeit oder bist du manchmal außen vor?*
   Im Zeitalter des Computers und der Mails kannst du davon ausgehen, dass du die Informationen hast. Die entscheidende

Frage ist, ob du oder deine Kollegen die Information auch gelesen haben.

4. *Gibt es etwas, das in der Vergangenheit geschehen ist, worüber ihr sprechen müsst, weil es belastend und ungeklärt ist?*
Das sind die Leichen im Keller. Adler haben den Mut, das aufzuklären und die Belastung damit zu beenden.

Adlerfuß Zwei:
Meine Arbeit ist ein Beitrag zu meinem Leben.

Arbeit ist dann ein Beitrag zu unserem Leben, wenn in der Arbeit eine Perspektive/ Sinnhaftigkeit zu erkennen ist. Leben beinhaltet Entwicklung, eine Perspektive bedeutet Entwicklungsmöglichkeit.
Wenn diese Perspektive fehlt, sorge selber dafür, dass sich diese Möglichkeit für dich eröffnet, wenn du es wirklich willst. Entwicklung funktioniert nur, wenn du selber einen Beitrag dazu leistest und nicht darauf wartest, dass jemand dich entwickeln will.

Also: Wer nicht fragt, wird auch nichts bekommen/erfahren. Klopfe an und es wird dir aufgetan.

Es gibt auch Menschen, die auf Entwicklung keinen Wert legen und dort, wo sie arbeiten zufrieden sind und nichts weiter wollen.

Das ist ihre Entscheidung, auch sie werden glücklich und sind wertvoll.

Begegnung Nr. 10
Wo Schatten ist, ist auch Licht!

„Wir können jederzeit Licht in die Dunkelheit tragen,
niemals Dunkelheit in das Licht!"

Schatten und Licht findet sich in unser aller Leben.
Auch der Strahlende hat eine dunkle und der im
Schatten steht, hat auch eine lichte Seite. Das Leben
selbst führt uns in lichte Situationen und auch
manchmal in die Dunkelheit.

Diese Erkenntnis ist nicht neu.
An ihr haftet allerdings eine Besonderheit.

Dieses Besondere liegt darin, dass wir, wenn wir im
Licht stehen, unseren Schatten meist nicht mehr
beachten und wenn wir im Dunkeln sind, vergessen,
dass es Licht gibt.
Beides, das im Licht stehen und das im Schatten
sein, sind Herausforderungen.

Wer im Licht steht, ist oft geblendet, zum Beispiel
vom Erfolg. Der Erfolgreiche neigt dazu, sich nicht
mehr um das zu kümmern, womit er seinen Erfolg

begründet hat. Der Alltag umschmeichelt ihn und der Erfolg frisst ihn auf. Wer nur erntet und nicht gleich wieder mit der gleichen Kraft, wie er den Erfolg begründet hat, sät, ist gefährdet.

Unsere Eltern lebten noch in dem Glauben, dass, wenn man es geschafft hat, alles gut ist. „Wenn du mal Abteilungsleiter bist, hast du es geschafft", sagten sie damals.

Hühner ruhen sich auf den Lorbeeren aus und merken nicht, wie die fleißigen Marder unter ihnen im Dunkeln graben und sie eines Tages fressen werden.

Diese „fressenden Marder" können Mitbewerber sein, Kollegen, das ganze Umfeld, das sich ändert und deine Position vielleicht sogar überflüssig macht. Das ist der Schatten, die andere Seite des Lichts.

Die Schatten holen dich ein, ob du sie siehst oder nicht.

Wer im Schatten steht, sieht oft das Licht nicht. Ob er es sieht oder nicht, es ist trotzdem da. Das Licht sehen bedeutet, den Weg aus dem Schatten zu finden. Hühner werden im Dunkeln kopflos. Sie rennen umher und klopfen aktionistisch gegen Wände, die sich nicht öffnen werden. Dein Adler klopft nicht gegen Wände, die sich niemals öffnen, er klopft gegen Türen, die sich öffnen.

Begegnung Nr. 11

Alexander Munke persönlich: Adler oder Huhn?

Der Adler ist ein klassisches Symbol für die Kraft, die aus dem Herzen kommt, er ist ein Symbol für Mut und für klaren Verstand. Das Huhn hingegen ist die Metapher für Kraftlosigkeit und Orientierungslosigkeit. Diese Symbole oder Metaphern umreißen Einstellungen gegenüber dem Leben.

Ich habe in den langen Jahren meiner Begegnungen mit Menschen entdeckt, dass die Hühner in Wirklichkeit auch Adler sind, allerdings verkleidet im Hühnerkleid, ziellos und wild gackernd.
Wer mit den Adlern fliegen will, muss loslassen, was ihn runterzieht, seinen Ballast, das Hühnerkleid abwerfen.

Potential, Energie und Kraft ist in uns allen, bei einigen allerdings noch mit Hühnerfedern bedeckt. Diese decken die Wunden des fehlenden Selbstbewusstseins und des fehlenden Selbstwertgefühls zu. Ein Bewusstseinssprung ist von Nöten, der oft durch Schicksalsschläge, besondere Begegnungen oder Lebensereignisse (z.B. eine Partnerschaft) kommt.

Erst wenn Menschen an sich glauben, an ihre Einzigartigkeit und an ihre Selbständigkeit und an das was sie tun, fallen die Hühnerfedern von alleine ab. Das Adlergefieder kommt zum Vorschein und mit ihm eine aufrechte und stolze Körpersprache, ein wacher Blick und ein strahlendes Gesicht.

Mein Angebot an dich ist es, deine Adlerfähigkeit in dir immer wieder neu zu entdecken. Es ist wie ein Weckruf, der sagt:

„Wach auf und sei, wer du bist"

Dieses Aufwachen und das Finden des eigenen Potentials ist ein wesentlicher Teil in der menschlichen Entwicklung.
Du kannst diese „Verwandlung" in vielen Fabeln, die ja ein Abbild unseres Lebens und unseres Miteinanders sind, finden. Der Frosch, der durch den Kuss der Prinzessin ein Prinz wird, ist ein bekanntes Beispiel dafür. Er ist „wach geküsst".
Dieses „Wachküssen" funktioniert und ist im Nu geschehen.

Da du nicht so häufig das Glück hast, dass eine Prinzessin dich erweckt, nutze die Möglichkeit der eigenen Entscheidung dafür, ein Adler zu sein.

Der Unterschied zwischen Mensch und Tier ist die Freiheit, sich zu entscheiden. Das ist eine wesentliche Erkenntnis: Du kannst entscheiden, wer du bist.
Also, solltest du noch die eine oder andere Hühnerfeder entdecken, betrachte sie mit Dankbarkeit und verabschiede dich von ihr!

Dieses „Ja" zu dir und deinem Potential ist wie das Setzen einer Pflanze. Einmal eingesetzt bedarf sie der Pflege, sonst geht sie ein.
Wer sagt, er führe bewusst ein Adlerleben, hat den ersten Schritt getan.
Der zweite Schritt ist das Realisieren dieser Entscheidung, die Pflege oder anders ausgedrückt, das Ernstnehmen deiner Selbst oder noch anders gesagt, die Konsequenzen deiner Entscheidung anzunehmen.
Dieses Pflegen liegt einmal darin, dass du dich immer wieder an die Entscheidung erinnerst.

Wenn du mit Adlern fliegst, wirst du nicht mehr mit den Hühnern gackern und es gibt schon Adler um dich herum, die dich anziehen, ganz nach dem Gesetz der Resonanz. Ein Adler schwingt anders als ein Huhn. Die eigenen Energiefelder sind unterschiedlich geladen. Das spürst du sehr deutlich und gehst als „Vollblutadler" automatisch auf Abstand, wenn dir ein Huhn begegnet. Umgekehrt ist es genauso, du fühlst dich angezogen, wenn auch ein „Vollblutadler" vor dir steht.
Adler fühlen sich auf lange Sicht unter Hühnern nicht wohl und Hühner fühlen sich auf lange Sicht unter Adlern nicht wohl.

Die Pflege dieser „Pflanze" besteht auch darin, dass du dieser Entscheidung Nahrung gibst.
Nahrung bedeutet das Lernen der Handwerkszeuge des AdlerSeins und diese Kunst des Lebens fortwährend zu trainieren. Dafür habe ich meine Seminare entwickelt.
Viele Fähigkeiten wirst du schon haben, zu weiteren will ich dich motivieren. Du hast schon Erfolg und Erfahrung. Also wird dir in Teilen nichts Neues geboten.

Das Neue allerdings ist, dass du dich wie ein Adler immer wieder trainierst, dass du auch das, von dem du meinst, du könntest es schon, noch verbessern kannst und manches kommt dazu.

Das sind dann die „Aha-Erlebnisse", die du bei der Lektüre erfahren wirst und in meinen Seminaren.

Adler wollen leben
Hühner wollen überleben

Das ist deine eigene Entscheidung.

Ein Adler zu sein, ist die Bereitschaft, immer wieder dieses Besondere des Adlers hervorzubringen. Jeden Tag. AdlerSein ist wie eine Blume, die du in dein Leben trägst und wie bei Blumen gilt: Pass auf, dass sie nicht verwelkt, halte sie lebendig, bei besten Wachstumsbedingungen und lass sie wachsen.

Horche in dich hinein und spüre in dir, ob du zufrieden, leicht und erfüllt bist, um ganz oben deine Kreise zu ziehen. Werfe den Ballast ab, der dich daran hindert, das zu tun, was Adler tun. Wenn der Adler einen zu großen Fisch aus dem Wasser geholt hat, der seine Flugmöglichkeit einschränkt,

öffnet er sofort seine Krallen und lässt seine Beute fallen. Er hat ein „helles Köpfchen" und benutzt es. Er lässt den Fisch fallen und stürzt nicht vor lauter Hunger und Gier mit seiner Beute ins Wasser.
Das sind die Möglichkeiten des Adlers.

Begegnung Nr. 12

Lächeln ist das Geschenk der Engel!

Lächeln ist eine menschliche Geste und hat die
Kraft, uns miteinander zu verbinden und gehört
zu den schönsten Geschenken, die uns Menschen
mitgegeben wurden.
Das Lächeln sollte man nicht zerreden und man
begreift seinen Wert auch auf andere Art und Weise
wie es in der folgenden Geschichte passiert.
Ein guter Freund von mir, Carlo, hat eine Reise auf
eine Insel in der Südsee unternommen und mir eine
bezaubernde Geschichte mitgebracht, die ich hier
gerne erzähle.

Das Besondere dieser Insel war, dass es dort
einige mannshohe steinerne Skulpturen gab. Carlo
wunderte sich darüber, was diese Figuren denn
bedeuten. Er begegnete einer alten Frau, die vor
ihrer Hütte saß. Sie trug die bunte Kleidung der
Inselbewohner, ihre Hütte war einfach und sie hatte
ihn angelächelt, als er vorbeiging.

Eine gute Gelegenheit zu fragen, was es mit den Skulpturen auf sich hat, dachte er. Die alte Frau schien das zu ahnen und sagte:

„Du wunderst dich über die steinernen Skulpturen?"

„Ja", sagte er.

„Gut, dann erzähle ich dir die Geschichte. Sie heißt:

Wie das Lächeln auf die Welt kam

Vor langer Zeit, ewig langer Zeit, als es nicht nur Menschen, sondern auch Fabelwesen auf der Erde gab, lebte hier auf der Insel ein König und regierte sein kleines Volk. Er hatte nur eine Tochter, die einmal die Königin werden sollte.

Früher mussten die Prinzen und Prinzessinnen eine Prüfung bestehen, um König und Königin zu werden. Also sagte er zu seiner Tochter: „Viele unserer Untertanen wirken so als wären sie aus Stein und sie sind eher für sich als miteinander. Gäbe es mehr miteinander, könnten wir viel glücklicher sein.

Ich habe deshalb eine Aufgabe für dich. Ersinne eine Möglichkeit wie wir unsere Untertanen näher zusammenbringen!

Die Prinzessin verbrachte Jahre mit Überlegungen,
die ihr alle nichts nutzten. Sie hatte darüber
graue Haare bekommen und der König war ganz
verzweifelt, weil er keine Ergebnisse bekam.
Eines Tages ging die Prinzessin auf einen Berg, um
wieder nachzudenken.
Sie saß da und plötzlich fiel von oben eine kleine
Feder herab, die Feder strich über ihre Wange und .
ganz von allein bewegte sich ihr Gesicht und sie
lächelte.

„Was geschieht mir", rief sie aus.

Da setzte sich ein Fabelwesen mit zwei Flügeln
neben sie und sagte:
„Was dir jetzt gerade geschieht, ist ein Lächeln. Ich
schenke es dir. Nimm es mit in dein Reich. Wenn
du lächelst wirst du in deinen Untertanen dieses
Lächeln hervorzaubern und dieses Lächeln wird sie
verbinden."
„Dann habe ich ja die Aufgabe, die mir mein Vater
gestellt hat, erfüllt!", rief sie aus.

Sie nahm die Feder und lief zurück in den Palast.
Als sie den Wachen begegnete, strich sie mit der
Feder über ihre Wangen, sie lächelte, die Wachen

lächelten und das Tor zum Palast ging auf. So wurde sie Königin."

„Und was ist mit den steinernen Skulpturen?", fragte Carlo.

„Das sind die Menschen, die auch ein Lächeln nicht rühren kann, sie sind zu Stein geworden. Wir glauben, dass auch sie einmal einem Engel begegnen werden."

Dann ging sie mit den Worten „Warte einen Augenblick" in ihre Hütte und brachte eine kleine weiße Feder, setzte sich und sagte: „Beuge dich etwas vor!"

Dann strich sie über Carlos Wange und schenkte ihm die weiße Feder. Dabei wirkte sie etwas unbeholfen, die Feder in seine Hand zu legen. Als sie es geschafft hatte, merkte Carlo, dass sie blind war und sie lächelte.

Begegnung Nr. 13

Wasch mich, aber mach mich nicht nass!

Persönliche Entwicklung, persönliches Weiterkommen im Leben hat einen Preis. Dieser Preis ist, dass du, um dich persönlich zu entwickeln, etwas aufgeben musst, hinter dem du dich versteckt hast. Es gilt, eine Veränderung herbei zu führen, die dir nicht leicht fällt. Jemand schaut dir hinter die Kulissen. Anders ausgedrückt, du machst dich angreifbar, wirfst deinen Panzer fort oder noch besser gesagt, du nimmst Kritik an.

Und plötzlich weißt Du, es ist Zeit etwas Neues zu beginnen und dem Zauber des Anfangs zu vertrauen."

Eckhart Meister

Am häufigsten erleben junge Menschen dieses Gefühl, wenn sie „flügge" werden. Sie kommen aus ihrem Nest, aus der vertrauten Umgebung mit Eltern und Freunden und arbeiten oder studieren an einem anderen Ort. Ein großer

Entwicklungsschritt nimmt seinen Anfang und der Zauber darin ist eine Mischung aus Unbekanntem und Ungewohntem, sowie eine große Portion Neugier. Die Bereitschaft, gewaschen zu werden und dabei auch nass zu werden ist Bedingung für diesen Entwicklungsschritt.

Das meint das Wort „entwickeln" in seinem wörtlichen und wahren Sinne. Du schüttelst die Umwicklungen wie eine Raupe ab und hervor kommt ein schöner Schmetterling.

Hühner freuen sich über Kritik, allerdings nur dann, wenn diese Kritik ihnen nicht an die Hühnerfedern geht.
Ein Beispiel: Dem Huhn – hier im übertragenen Sinne – wird gesagt, es sollte nicht so viel fressen und mehr Sport machen. Diese Kritik ist harmlos und wird angenommen, weil das mit dem Selbstbild des Huhns vielleicht übereinstimmt und nicht wirklich an die Hühnerfedern geht.
Wenn du dem Huhn allerdings etwas sagst, das gegen sein Selbstbild verstößt, dann kann es sein, dass das Huhn das nicht hören will, es prallt ab.

Wohlgemerkt, du sagst es respektvoll und redest in der Adlersprache der Unterstützung, die da lautet:

„Takt ist die Fähigkeit, einem anderen auf die Beine zu helfen, ohne ihm dabei auf die Füße zu treten."

Curt Goetz

Es kann allerdings auch sein, dass das Huhn dir mit Aufmerksamkeit begegnet, dann hilfst du gerade einem Adler, sein Hühnerkleid abzustreifen. Letzteres beobachte ich am häufigsten und das ist meine persönliche Motivation und bereitet Freude. Beiderseits!!!

„Habe einen Lehrer und sei ein Lehrer.
Habe einen Schüler und sei ein Schüler."

Alexander Munke

Auf die Füße treten betrifft die Form, in der etwas gesagt wird. Du trittst jemandem auf die Füße, wenn du respektlos mit ihm redest und er hat das Recht, sich dem zu verschließen.

Kritik eines Adlers ist immer respektvoll. Beispiel: Du kannst sagen: „Du bist faul", damit trittst Du auf die Füße.

Du kannst auch sagen:

„Für wie angemessen hältst du deinen Arbeitseinsatz/Engagement? Werden wir so unser Ziel erreichen? Was haben wir noch zu tun, um unser Ziel zu erreichen?"

Adler vermitteln die gleiche Botschaft, wie im ersten Teil des Beispiels. Allerdings gestalten sie sie so, dass die Botschaft angenommen werden kann. Und es geschieht noch mehr durch die Adlersprache: Der Angesprochene wird eingeladen, sich gemeinsam mit dem Adler Gedanken zu machen, wie er sich verbessern kann.

Dein Adler spricht...

„Sog statt Druck"

Das Fremdbild, das dir von jemandem übermittelt wird und sein Eindruck von dir, wird in der Regel eine wertvolle Botschaft sein. Wenn du dich entwickeln willst, wirst du dich mit dieser Botschaft auseinandersetzen müssen.
Diese Botschaft nennt man „Feedback".

Feedback kann eine „bittere Pille" sein.

Ein Beispiel:

Dir wird gesagt, du hättest eine Vereinbarung nicht eingehalten oder einen Job nicht gemacht.

Das Huhn wird das nicht wahrhaben wollen. Es wird sich verteidigen und dann endet das Gespräch ohne Ergebnis für das Huhn, allerdings auch ohne Ergebnis für die Zusammenarbeit.

Der Adler würde fragen: „Wie meinst du das? Erkläre es mir bitte genauer" oder „Was ist das gewünschte Resultat?" oder „Wie soll das Ergebnis aus deiner Sicht aussehen?"

Der Adler ist daran interessiert zu erfahren, wie andere Menschen ihn sehen und er weiß, dass er daran wachsen kann.

Genauso, wie du deinen Hinterkopf nie mit eigenen Augen sehen kannst, können ihn nur deine Mitmenschen sehen. Was ist dein „blinder Fleck?" Blinde Flecken sind Verhaltensweisen, die dir nicht mehr bewusst sind, du handelst eben so und das schon immer. Du hast über deine blinden Flecken noch nie nachgedacht. Wie auch? Du siehst sie ja nicht!

Die Arbeit an den blinden Flecken, das Auflösen
deiner blinden Flecken ist ein wichtiger Teil
persönlicher Entwicklung und ein großer Schritt zu
deinem Erfolg.
Adler sind kritikfähig, sie nehmen Kritik an, setzen
sich damit auseinander.

Hühner wollen bleiben wie sie sind, sie wollen sich
zwar entwickeln, aber leben nach der Devise:

„Wasch mich, aber mach mich nicht nass!"

Begegnung Nr. 14

Hören wie ein Adler

Sprache ist das, was uns verbindet. Wir haben nichts anderes als die Sprache. Sie ist die Grundlage menschlichen Seins und der Boden, auf dem das „Ich" und das „Du" gemeinsam gehen… oder sich entfernen.

Sprache hat nicht nur den aktiven Teil, das Sprechen. Zur Sprache gehört auch das Hören, die andere Seite der Medaille.
Sprechen ist so, als würdest du einen Stein in einen Brunnen werfen und dieser Stein wirft Wellen, die Antwort, die Reaktion. Ohne dies ist es so, als hättest du nicht gesprochen. Schade…!

Nicht immer bewegst du das Wasser, nicht immer wirst du gehört. „Ich spreche mit einer Wand", wirst du manchmal gedacht haben und diese, auch deine Wand wollen wir durchdringen, wenn du das willst und davon gehe ich aus.
Übrigens: Die Wand könntest auch du selbst sein und mit den Hühnern gackern über die „dummen

Kunden", die nicht hören. Soweit der Hühnerhof.
Wer nicht hört, ist wie eine Wand. Es wäre so, als
würde der beste Pianist der Welt in einem Saal vor
Menschen spielen, die nicht hören können. Es wäre
so, als würden zwei Taube durch ein Kaufhaus gehen
und sich für Lautsprecher interessieren.

Die Fähigkeit zu hören ist die andere, „vergessene"
Seite der Rhetorik.
Diese Seite der Rhetorik zu begreifen, ist existentiell
und ist deshalb Teil der Adlerrhetorik.

Du kennst sicher den Satz, dass alles auf der Welt
zwei Seiten hat. Nichts hat Bestand ohne die
andere Seite. Die andere Seite - manchmal ist es die
schwierigere Seite - zu erforschen und sich diesem
Aspekt zu stellen, erfordert Mut. Den Mut, sich
selbst in Frage zu stellen.
Du erinnerst dich sicher an den Satz „Wasch mich,
aber mach mich nicht nass".

Nicht nur du wirst manchmal nicht gehört. Auch du
wirst manchmal nicht hören und das hat folgende
Konsequenz:

Dein Adler spricht...

„Wenn du nicht hörst, wird dich niemand hören."

Hinhören statt **zu**hören

Sage lieber: „Höre mich bitte an." Oder „Höre bitte hin, ich habe dir etwas wichtiges zu sagen." Die Aufmerksamkeit ist größer.
Größer, als wenn du sagst: „Hör´mir mal **zu**!" Dann macht dein Gegenüber nämlich genau das: „**Zu**".

Gehört zu werden, ist eine der tiefsten Sehnsüchte, die wir Menschen haben. Die Tragik der Einsamkeit entspringt der Erfahrung, nicht mehr gehört zu werden.

Die Tragik des Misserfolgs ist einfach beschrieben: Niemand hört dich.
Damit ist nicht das akustische Hören gemeint.
Gemeint ist, dass du jemanden mit deiner Botschaft, mit deinem Angebot erreichst. Das ist dann die Basis für ein erfolgreiches Miteinander.

Hühner glauben, sie müssten nur lauter sprechen, um besser verstanden zu werden oder sie glauben, dass sie ihre Botschaft x-mal wiederholen müssen.

Das ist, wie wir alle wissen, einfach kraftlos und der Sprechende hat meist schon resigniert und wird lauter...

Adler tragen uralte Erfahrungen mit sich, deren Gültigkeit noch heute besteht. Dieses Wissen, die AdlerErkenntnis über das Hören gibt dir den Schlüssel dazu, deine Botschaft, dein Ansinnen an den Mann oder die Frau zu bringen.

Um Hören zu verstehen und dann zu erlangen, sollten wir uns anschauen wie Hören „normalerweise" funktioniert. Ich nenne das

„Die Hühnerfalle"

Auch „Adler" sind Menschen! Auch sie sind in der „Hühnerfalle". Warum?

Jeder von uns hat Aspekte, auf die er irrational reagiert, das Ziel aus den Augen verliert und anfängt zu gackern, das Gras zertrampelt, auf dem der Erfolg wachsen könnte.

Du wirst im Folgenden die Hühnerfalle entdecken und dich darin wiederfinden oder um es einmal banal zu benennen:

Jeder hat einen wunden Punkt, den er noch nicht einmal kennt.

Jeder von uns hat „HühnerDenken" in sich, du kannst allerdings nur dann mehr Adlerfedern erlangen, wenn du weißt, wo deine Hühnerfedern sind oder anders ausgedrückt:

Dein Adler spricht...

„Du kannst nur überwinden, was Du kennst."

Alles, was du nicht über dich kennst, hat dich fest im Griff.

Der Unterschied zwischen Huhn und Adler ist es, dass der Adler die „Hühnerfalle" kennt und deshalb nicht in sie hineintappt. Der Adler kennt die Fallen, für ihn sind sie ungefährlich.

Also, lernen wir die Hühnerfalle kennen:

1. Hühner wollen Recht haben, unabhängig davon ob ihre Meinung „richtig" ist.

2. Hühner wollen gut dastehen.

3. Hühner nehmen alles persönlich.

4. Hühner interpretieren, was du sagst und hören auf das, was sie meinen, gehört zu haben.

Schauen wir uns die Hühnerfalle einmal genauer an:

AdlerErkenntnis Nr. 1:
Hühner wollen Recht haben, unabhängig davon,
ob ihre Meinung „richtig" ist.
Beispiel: Diejenigen, die Kinder haben, insbesondere die, deren Kinder schon Jugendliche sind, werden sicher die Erfahrung teilen, dass ihre „Halbstarken" sich nichts sagen lassen wollen. Die Halbstarken wissen, was „richtig" ist.
Das ist aus ihrer Sicht nachvollziehbar, sie probieren ihr „Ego" aus und sind stolz darauf, dass Sie eine

Meinung haben. Deshalb reflektieren sie nicht, *was* sie meinen, sondern es ist ihnen wichtiger, *dass* sie eine Meinung haben und diese Meinung vertreten. Aus Adlersicht ist das Rechthaben eine Beschränkung deiner Möglichkeiten. Du wirst, wenn du mit deiner Meinung Recht haben willst, nichts mehr lernen und nie neue Möglichkeiten wahrnehmen.

Der Schlüssel zum AdlerHören liegt darin, dass du deine Meinung beiseite stellen kannst. Das bedeutet nicht, dass du sie wegwirfst. Es bedeutet nur, dass du die Ohrstöpsel rausnimmst und hörst, was andere dir zu sagen haben und das reflektierst.

Wenn du etwas verkaufen willst, bist du klug, wenn du darauf hörst, was jemand sagt und du es nicht zerpflückst. Also, hören ohne selber Recht haben zu wollen und es so stehenlassen, was dein Kunde sagt. Dann hole ihn da ab, wo er gerade ist.

> *„Wer immer auf sein Recht pocht,*
> *wird es bald durchlöchern."*
> John Steinbeck

Und noch etwas: Wer wirklich Recht hat, wird die Zukunft zeigen…

AdlerErkenntnis Nr. 2:
Hühner wollen gut dastehen und ihr Gesicht wahren.

Es ist ein unausgesprochener Satz, der uns alle
begleitet, er lautet:

„Lass mich gut dastehen und lass mich mein Gesicht
nicht verlieren."

Wenn du das nicht beachtest, wirst du die
Beziehung zerstören. Dieser Wunsch, gut dastehen
zu wollen und darin enttäuscht zu werden, reicht bis
in die Kindheit zurück, kostet Kraft und begleitet uns
bis ins Alter, wenn wir damit nicht aufräumen.

Beispiel: Ein 5-jähriger malt ein Bild, das einen
Elefanten darstellen soll. Zu sehen ist etwas, das
selbst bei viel Phantasie einem Elefanten nicht nahe
kommt. Wenn du ihm sagst, das sei kein Elefant,
wird er irgendwann aufhören zu malen und er wird
aufhören, auf dich zu hören. Beides trifft oft zu.
Für den, der gut dastehen will, dreht sich die Welt
um ihn selbst, aber darum dreht es sich oft eben
nicht.
AdlerSein ist vergleichbar mit Erwachsensein.
Erwachsene können einen Schritt zugunsten der

Gemeinsamkeit beiseitetreten und müssen nicht mehr gut dastehen.

Der Adler will etwas erreichen und er weiß, dass er deshalb etwas aus dem Wege räumen sollte, nämlich das „GutDastehenWollen".

Zuerst muss er allerdings wissen, dass dieses Verhalten eine „Hühnerfalle" ist. Deshalb reden wir darüber.

Nur wenn du es erträgst, dass Dein Federkleid „gegen den Strich gebürstet wird", werden die Adlerfedern zum Vorschein kommen.

Einen Moment lang wirst du dich nackt fühlen, jemand schaut dir unter dein Gewand aus Worten.

Wenn du das aushältst und dich damit auseinandersetzt, wachsen dir Adlerfedern.

Dein Adler spricht...

Vom „GutDastehenWollen"
zum „GutDastehenLassen"

Für das Gespräch mit dem Kunden hat dies eine logische Konsequenz: Es geht nicht um dich, es geht um das, was du verkaufen willst.

Und: Wenn der Kunde nicht kauft, lass ihm sein Gefühl, dass er alles richtig macht.

Die Tür aus der Hühnerfalle geht auf, wenn du den Kunden oder deinen Kollegen nicht ins Unrecht setzt, sondern einlädst, noch besser zu werden, als er schon ist.

Dem kann er nur schwer widerstehen.

AdlerErkenntnis Nr. 3:
Hühner nehmen alles persönlich.

Persönlich nehmen bedeutet hier, dass das, was geschieht auf dich einen Einfluss hat, so als wäre es an dich persönlich gerichtet.

Ein Beispiel: Das Wetter beeinflusst die Stimmung, wir nehmen also das Wetter persönlich. Die Reise in die Sonne macht gute Stimmung. Davon lebt der Reiseveranstalter.

Aber, so fragt sich der Adler, was hat das Wetter mit meiner Stimmung zu tun? Die Hühner sagen: „Das ist doch selbstverständlich!"

Schauen wir noch genauer hin: Zeigt sich der Wert eines Mitarbeiters in der Größe seines Büros? Ist seine Motivation davon abhängig, wie viele Fenster und Quadratmeter es hat? Die Hühner sagen: „Das ist doch selbstverständlich."

Das PersönlichNehmen hat einen guten Grund. Beispiel: Wenn du durch den Wald gehst und hörst das Knacken der Zweige im Wind, so wird das Drumherum dich kaum ängstigen und deinen Spaziergang beeinflussen.
Ein Tier hingegen, das im Wald lebt, wird dieses Knacken auf sich beziehen. Es könnte ein Feind sein, der sich nähert und es fressen will. Tiere sind ständig bereit, sich gegen Feinde zu verteidigen und das ist gut so. Sie nehmen es persönlich und dieses „PersönlichNehmen" sichert ihre Existenz.

Frage: Hängt deine Existenz vom Wetter ab oder von einer Meinung? Wahrscheinlich nicht!

Sei locker, hör hin, lass dir etwas sagen.
Denk an die Adler! Sie fliegen auch, wenn es kalt ist, wenn der Regen peitscht und es dunkel ist. Auch dann bleiben sie auf Kurs.

Was um dich herum ist, ist nicht das, wer du bist. Eine Rolex macht keinen Adler aus dir und wenn du eine besitzt, freu dich daran. Auch Adler putzen ihre

Federn und es gibt nichts gegen tolle Uhren, schöne Autos oder Motorräder zu sagen. Aber du bist der größere Schatz und das Wetter ist eine Frage der Kleidung.

Erinnere Dich an die alte Frau, die die Geschichte vom Lächeln erzählte, sie war blind und sie lächelte.

Dein Adler spricht...

> *„Je weniger Du persönlich nimmst,*
> *desto freier bist Du."*

AdlerErkenntnis Nr. 4:

Hühner glauben schon zu wissen, was du sagen willst, bevor du es gesagt hast.

Du hast wahrscheinlich oft erfahren, was auch immer du sagst, das kennen die Hühner schon, so glauben sie jedenfalls.

Das beruht darauf, wie unser aller Gehirn funktioniert. Du sagst ein Wort und schon produziert der Kopf Gedanken dazu und jeder weiß schon, was du meinst.

Vielleicht aber meinst du was anderes, vielleicht wird dir auch etwas gesagt, das jenseits deiner automatischen Gedankenproduktion liegt.

Adler hören und sie haben Gedanken, genau wie wir alle. Sie können es jedoch zugunsten von dem, was sie tatsächlich hören, erst einmal beiseiteschieben. Wenn du mit Hühnern redest, lass sie ihr Gedankengegacker vortragen. Irgendwann sind sie damit am Ende. Und dann kannst du sagen: „Wollt ihr mal etwas anders hören, als das, was ihr schon kennt?"

Ein paar Hühner werden dann hören, nicht alle, aber das ist ja auch nicht notwendig.

Begegnung Nr. 15

Möglichkeiten muss man mögen!

„Wer niemals vom Weg abkommt, bleibt auf der Strecke", heißt ein Sprichwort. Vom Wege abkommen, bedeutet neue Wege oder Möglichkeiten zu nutzen, sein Ziel zu erreichen. Es bedeutet nicht, in die Irre zu laufen. Es bedeutet nur, andere Wege zu gehen.

„Viele Wege führen nach Rom", eine weitere Weisheit, die in diese Richtung zeigt.

Weisheiten beruhen auf Erfahrungen und die Erfahrung, andere Möglichkeiten zu nutzen als diejenige, die man schon immer nutzte, ist sicher gut und wertvoll.

Dein Adler spricht...

„Umwege erhöhen die Ortskenntnisse."

Möglichkeiten bieten sich an, du brauchst nur zuzugreifen. Andere haben schon vorgedacht. Beispiele gibt es viele.

Eines davon ist die Nutzung eines Computers zur Pflege von Kontakten. Die computergestützte

Kontaktpflege ist zwar seit 20 Jahren bekannt, das Computerprogramm ist sogar auf dem Rechner verfügbar...

Aber, du ahnst es schon oder kennst es aus deinem Alltag: Der Mitarbeiter ist nicht oder nicht ausreichend geschult, als dass er die Möglichkeiten, die sich bieten, ausschöpft. Ob er die Möglichkeiten ausgeschöpft hat, zeigt sich in der Verbesserung der Ergebnisse in der Akquisition. Wenn ja, ist es gut, wenn nein, nutzt er die Möglichkeit nicht.

Alle wissen, dass man mit solchen Computerprogrammen weitaus effektiver akquirieren kann, als mit der althergebrachten Zettelwirtschaft.

Die Hühner werden sagen, „Ja, wir sind ja dabei, wir brauchen noch Zeit".

Das Alte ist der Feind des Neuen. Man muss Möglichkeiten nur mögen und dann etwas damit anfangen. Das bedeutet, dass du die Möglichkeit nutzt. Das ist das Wesentliche.

Ein anderes Beispiel ist die Zielvereinbarung. Die Zielvereinbarung in der Zusammenarbeit ist ein bewährtes und hoch effektives Werkzeug, es ist eine wertvolle Möglichkeit, effektiv zu arbeiten, die oft nicht ausreichend genutzt wird.

Zielvereinbarungen geben dir die Grundlage sicherzustellen, wohin du willst und dann anhand der Vereinbarung zu schauen, ob du da bist, wo du sein willst.

Zielvereinbarungen sind ein Managementwerkzeug, das mindestens seit 50 Jahren auf dem Tisch liegt. Die Zielvereinbarung nimmt dich in die Pflicht, du wirst daran gemessen, was du vereinbart hast. Das könnte Dich aus deiner „Komfortzone" bringen.

Wer keine Zielvereinbarung hat, wird die Ziellinie auch nicht erreichen. Er läuft praktisch endlos in einem Hamsterrad und wird sich erschöpfen. Menschen wollen Ziele erreichen und brauchen diese Erfahrung. Sonst arbeiten sie nach der Uhrzeit, nicht nach Ergebnissen. Was der Tag gebracht hat, hört zum Feierabend auf, ihn zu interessieren. Unabhängig davon, was er erreicht hat.

Hühner werden nach Zeit bezahlt, Adler nach Ergebnissen. Das ist die Konsequenz der Möglichkeit, mit Zielvereinbarungen zu arbeiten. Adler nutzen die Möglichkeiten, die es bereits gibt und die bewährt sind.

Werkzeuge muss man mögen, das heißt, man muss auch ihre Konsequenzen mögen oder zumindest akzeptieren, sonst sind sie nur eine nette Idee.

Diesem „Mögen von Möglichkeiten" steht die Trägheit entgegen. Neues erfordert erst einmal mehr Arbeit oder andere Arbeit als bisher. Die Daten – um im Beispiel zu bleiben – müssen eingearbeitet werden. Die Zielvereinbarungen müssen gemacht, besprochen und überprüft werden. Meilensteine müssen gesetzt werden und einiges mehr. Das ist Arbeit, allerdings Arbeit, die sich lohnt.

Die Schwester der Trägheit ist die Dummheit.
Es ist wirklich dumm und fahrlässig, dasjenige auszulassen, was dich erfolgreicher macht.
Wer Erfolg mag, wird Möglichkeiten mögen müssen.

Hühner sind träge, sie wissen zwar, dass sie effektiver sein könnten, aber sie bekommen den „Kick" nicht.
Das Ziel des Huhns ist es, alles so zu lassen, wie es ist. Das mag vor 200 Jahren funktioniert haben, heute ist es dumm.

Adler haben Ziele und um diese Ziele schneller und besser zu erreichen, werden sie die Möglichkeiten nutzen, die sich ihnen anbieten.

So einfach ist das.

„It is simple but not easy"

„Der Kopf ist rund, damit das Denken seine Richtung ändern kann."

Begegnung Nr. 16

„Der Kopf ist rund, damit das Denken seine Richtung ändern kann." Francis Picabia

Das Gras ist nicht für jeden gleich grün. Das hat nichts damit zu tun, dass der eine besser sehen kann als der andere oder ob jemand farbenblind ist. Was wir sehen ist, wie das Wort schon sagt, eine Sichtweise.

Unsere Sichtweise hat nichts mit dem Grün des Grases zu tun. Sie entspringt unserem Denken, unserer Bewertung über das, was wir sehen. Diese Bewertung macht das Gras in unseren Augen grün oder blass. Was geschieht, ist für alle gleich. Wie wir es sehen, das heißt bewerten, darin unterscheiden sich Hühner und Adler.

Der Standardsatz der Hühner lautet: „Das ist so, wie es ist. Das ist die Realität, der wir ins Auge schauen müssen."

Dein Adler spricht...

> *„Was Du wahrnimmst, ist das Ergebnis von Aufmerksamkeit, Achtsamkeit und Deiner Interpretation. Die ist veränderbar!"*

In dem Wort „wahrnehmen" steckt die Bedeutung: Etwas für wahr nehmen und da sind wir wieder beim Hühnerspruch, die sagen: „Siehst du, so ist es, das ist wahr".

Hühner haben nur eine einzige Sichtweise, sie nehmen das für „wahr", was sie wahrnehmen und reflektieren sich nicht, insbesondere, wenn der ganze Hof das auch so sieht.

Hier kommt die Adlererkenntnis:

„Der Kopf ist rund,
damit das Denken seine Richtung ändern kann."

Francis Picabia

Adler kreisen und beleuchten die Dinge von allen Seiten. Sie sind in der Lage, ihre Sichtweise, ihr Denken zu verändern und haben dabei sich selbst im Fokus. Sie sind sich ihrer Hauptrolle in ihrem eigenen Leben bewusst und wissen, dass sie ihr Leben eigenverantwortlich gestalten, nicht etwa gestalten lassen. Neue Ideen und Inspirationen von anderen empfinden sie als „warmen Aufwind", willkommene thermische Voraussetzungen also, um den Gleitflug weiterzuführen.

Der Kopf ist rund, damit das Denken seine Richtung ändern kann."

Ein Beispiel: Ein Fehler kann als Katastrophe gesehen werden oder als Möglichkeit, sich zu verbessern.
Das hat sich schon herumgesprochen und deshalb nehme ich dieses Beispiel.
Je nach dem, welche Interpretation du hast, wirst du Konsequenzen ziehen und dementsprechend wird sich dein Handeln gestalten. Fehler als Chance zu sehen, macht aktiv. Fehler als Katastrophe zu sehen, macht ohnmächtig und lähmt.
Diese Freiheit in der Wahl der Interpretation gibt dir Kraft zu Möglichkeiten, jede Situation für dich zum Guten zu wenden und zu nutzen.

Dieser Gedanke hat eine weitere, grundlegende Konsequenz.
Beispiel: Du hast ein Problem mit einem Mitarbeiter. Eure Zusammenarbeit funktioniert nicht so, wie es sein könnte. Immer wieder gibt es Verzögerungen und Diskussionen.

Fragen wir mal die Hühner, was man auf dem Hühnerhof dazu zu sagen hat:
„Der Kollege muss sich mal am Riemen reißen, rede mal ein ernstes Wort mit ihm!"

Das Huhn sucht die Ursache für die schlechte Zusammenarbeit beim Kollegen. Das ist nur eine Sichtweise.

Dein Adler könnte das auch so sehen, er hat allerdings eine weitere Möglichkeit. Er denkt: „Es liegt an mir, wie der Kollege arbeitet. Ich, nicht er, muss etwas tun, damit es sich verbessert."

Fakt ist, dass die Zusammenarbeit nicht funktioniert. Woran es liegt, wird durch die Sichtweise bestimmt. Hier liegt der Schlüssel zum Erfolg.

Die Sichtweise der Hühner gibt dir wenige Chancen, etwas zu erreichen. Es entspricht sicher auch deiner Erfahrung, dass du Menschen nicht oder nur sehr schwer verändern kannst. Das Huhn glaubt das aber.

Dein Adler spricht...

„Nimm Menschen wie sie sind, andere gibt es nicht."

Konrad Adenauer

Hühner wird diese Sichtweise frustrieren.
Der Satz: „Da kann man nichts machen, der Kollege ist eben so...", ist oft zu hören. Schade eigentlich....
Adler ziehen eine Konsequenz daraus und die lautet:

> *„Merkmal großer Menschen ist, dass sie an andere Menschen weniger Anforderungen stellen, als an sich selbst."*
>
> Marie von Ebner-Eschenbach

In seiner Sichtweise sieht er also sich selbst als Ursache des Geschehens und nur dann, wenn du dich selbst als Ursache siehst, kannst und wirst du etwas verändern.

Das ist eine 180 Grad-Wendung im üblichen Denken. Du bist die Ursache des Ergebnisses der Zusammenarbeit, nicht er.

Andere Menschen zu verändern ist eine Sisyphusarbeit. Mit Veränderung ist nicht eine grundlegende Veränderung gemeint, sondern eine Veränderung im Verhalten.

Begegnung Nr. 17
Der Adler gibt nicht auf, er steht auf!

Nur Hühner glauben, dass der Weg zum Erfolg eine gerade und immer ansteigende Linie ist. Der Weg zum Erfolg ist mit Herausforderungen gepflastert. Aus der Sicht eines Sportlers würde ich ihn als Hürdenlauf bezeichnen. Du bist schon gut trainiert und machst viel dafür ein guter „Hürdenläufer" zu sein. Die Spreu trennt sich jedoch dann vom Weizen, wenn du die Hürde überquerst, dich also der Herausforderung stellst. Ist auch deine Technik so ausgefeilt, dass du nicht nur zwischen den Hürden schnell bist, sondern auch deine Beine im richtigen Moment so hoch bekommst, dass du über die Hürde schwebst und nicht daran hängen bleibst? Und wenn du stürzt, bist du bereit aufzustehen, die Krone zu richten, deinen Körper noch besser darauf vorzubereiten? Das Prozedere solange zu üben, bist du es kannst, auch wenn du dich verletzt hast? Dann hast du Erfolg!

Dein Adler spricht...

„Einmal mehr aufstehen als du hingefallen bist, ist das Elixier auf dem Weg zum Erfolg."

Auch hier, beim Scheitern, spielt die Interpretation, dein Denken über den Misserfolg, eine große Rolle. Die entscheidende Rolle, ob du wieder aufstehst. In jedem Fall bist du nach jedem Scheitern „gescheiter"!!! Was für ein geniales Geschenk!

„Rückschläge sind ein natürlicher Bestandteil meines Lebens, es kommt nur darauf an, wie ich darauf reagiere." sagte Lee Iacocca, einer der erfolgreichsten amerikanischen Automobilmanager der 80er Jahre. „Bleib dran, auch wenn es anders kommt als geplant." lautet deshalb sein Rat. Auch der geniale Erfinder Edison gibt uns den Rat eines erfolgreichen Mannes: „Unsere größte Schwäche liegt im Aufgeben. Der sichere Weg zum Erfolg ist immer, es doch noch einmal zu versuchen". Und Henry Ford sagte:

„Es gibt mehr Leute, die kapitulieren, als solche, die scheitern."

Adler geben nicht auf, sie stehen auf.

Wie funktioniert „Aufstehen"?

Wie ist man ein Adler, auch wenn es nicht so gut läuft?
Hier sind drei Regeln, „Aller guten Dinge sind drei" nach denen Adler bei Misserfolgen handeln.

Adlerregel Nr. 1

> *Ein Misserfolg bedeutet nicht,*
> *dass du ein „Loser" bist.*

Misserfolge gehören zum Leben. Ein einzelner Misserfolg sagt nichts über dich insgesamt aus. Ein Regentag macht noch keinen schlechten Sommer.

Adlerregel Nr. 2

> *Wenn etwas gescheitert ist, hat etwas Wichtiges*
> *gefehlt! Sage innerlich, danke für den Tipp!*

Hier kommen wir zu den Werkzeugen, wie du mit Fehlern praktisch umgehen kannst.
Die Frage, die du dir stellst, lautet:
„Was hat gefehlt?".
Es gibt einige grundsätzliche Bereiche, in die du schauen und die du infrage stellen kannst, was

gefehlt hat. Es sind fünf Aspekte, genauso viele, wie du Finger an der Hand hast:

1. Hast du mit deinen Mitarbeitern oder Kollegen gemeinsame Ziele und sind diese Ziele fixiert?
„Wenn wir schon kein Ziel haben, lass uns wenigstens beeilen".
Das ist das Dogma des Aktionismus und dann laufen alle, wie die wilden Hühner durcheinander.
Ein Ziel ist nicht etwa ein vages Bild, das du dir vorstellst, sondern es ist konkret. Ein gemeinsames und vereinbartes Ziel bündelt die Kraft und schweißt zusammen.
Ihr braucht diese gemeinsame Kraft, wenn ihr euer Ziel erreichen wollt.

2. Sind die Ziele in Meilensteine unterteilt, das heißt, gehst du Schritt für Schritt?
„Einen Elefanten isst man Scheibchen für Scheibchen", sagt ein afrikanisches Sprichwort.
Alles auf einmal zu wollen funktioniert nicht, das weiß jeder. Wenn du hoch hinaus willst, brauchst du eine Leiter. Es sei denn du bist ein „absoluter Überflieger".
Auch Adler arbeiten Schritt für Schritt.

Der erste Schritt – sie beobachten ihre Beute von weitem und haben ihr Vorhaben gut durchdacht! Abwarten bis zum richtigen Moment und los.

Der zweite Schritt – sie nähern sich aus großer Höhe und stürzen sehr schnell herab.

Der dritte Schritt – sie greifen zu.

Der vierte Schritt – sie schauen sich um und sichern sich ab, dass niemand da ist, der ihnen die Beute streitig macht.

Der fünfte Schritt – sie bringen das, was sie nicht gefressen haben an einen sicheren Ort für schlechte Zeiten.

Erfolge erreichst du Schritt für Schritt.

Wenn das Ziel klar ist, heißt es TUN!

Trägheit – Unaufhörlich – Neutralisieren.

3. *Haben alle Kollegen die notwendigen Informationen?*

Wissen ist und hat Macht, das trifft zu. Wer diese Macht allerdings missbraucht, also notwendiges Wissen nicht teilt, wird scheitern.

Wissen bedeutet Information. Früher und auch noch heute wird Information zurückgehalten. Beispiel: Die „Häuptlinge" kennen das

Betriebsergebnis, die „Indianer", die vor Ort arbeiten, kennen es nicht. Die Situation eines Projektes sollten alle kennen, sonst tappen sie im Dunkeln.

4. *Bist du und sind deine Kollegen kompetent? Das heißt, seid ihr trainiert für eure Aufgaben?*
„Mach mal, du kannst das doch schon", lautet oft die Devise. Können stammt von Kennen und Können muss man trainieren.
In der Wiederholung liegt die Vertiefung. Scheitern kann auch daran liegen, dass der Mitarbeiter nicht ausreichend trainiert ist oder das Training schon wieder vergessen ist. Ab und zu ist es wichtig, das Können oder Kennen wieder aufzufrischen, sonst fehlt etwas zum Erfolg.

5. *Seid ihr miteinander in regelmäßiger Kommunikation?*
Nur regelmäßige Kommunikation miteinander sichert den Erfolg. Regelmäßigkeit ist das Zauberwort. Was regelmäßig geschieht, hat Erfolg. Es ist wie ein Meilenstein.

TIG – TAG – TOG

TIG – das TagesInformationsGespräch

TAG – das TagesAblaufGespräch

TOG – das TagesOptimierungsGespräch

Meistens reichen jeweils 90 Sekunden.

Adlerregel Nr. 3

Dein Adler spricht...

„Dumme und Gescheite unterscheiden sich dadurch,
dass der Dumme immer dieselben Fehler macht
und der Gescheite immer neue."

Kurt Tucholski

Das ist eine Sichtweise, die Sichtweise der Adler.

Begegnung Nr. 18
Umgang mit Enttäuschungen

„Auch eine Enttäuschung, wenn sie nur gründlich und endgültig ist, bedeutet einen Schritt vorwärts."

Max Planck

Meist ist die erste Reaktion auf eine Enttäuschung emotional.

Adler belassen es nicht dabei. Sie schauen mit ihren Adleraugen und untersuchen, was genau geschehen ist.

Das Wort Enttäuschung besagt, wenn man es wörtlich nimmt, dass eine Täuschung, die bis dahin bestand, beendet oder aufgelöst ist.

Das wendet die Sichtweise zum Guten, du wirfst Ballast ab und kannst dich wieder dem zuwenden, was dir Früchte bringt oder dich glücklich macht.

Die Täuschung, der du erlagst, ist vorbei.

Dieses „Vorbeisein" sollte aber auch gründlich sein, denn alles, was dich täuscht, saugt dich aus und bringt dich nicht weiter. Also lass es in Frieden ziehen. Das wird dich auch über den emotionalen Anteil der Enttäuschung bald hinwegbringen.

Umgang mit Enttäuschungen

Ein anderer Aspekt ist die Enttäuschung, die du erlebst, wenn du im Verkauf ein „Nein" erlebst. Hier ist die Adlersicht auf das „Nein":

1. Der Kunde startet bei „Nein", es sei denn, er hätte auf dich gewartet und weiß schon, dass er kaufen will. Also: Deine Aufgabe ist es, dass „Nein" oder das „Ich weiß noch nicht" in ein „Ja" zu verwandeln.

2. Eine Kaufentscheidung beruht auf Informationen, wenn man von emotional begründeten Shoppingkäufen absieht. Wenn alle Informationen vorliegen, ist die konsequente Antwort des Kunden ein „Ja".
   Das Nein kann nämlich bedeuten:

   Noch

   Einige

   Informationen

   Nötig

3. Der Kunde mag auch andere Gründe für sein „Nein" haben.

Dein Adler spricht...

„Wenn Du die Wahl haben willst,
lass anderen auch die Wahl."

„Bewahre mich vor dem naiven Glauben, es müsse
im Leben alles glatt gehen.
Schenke mir die nüchterne Erkenntnis, dass
Schwierigkeiten, Niederlagen, Misserfolge,
Rückschläge eine selbstverständliche Zugabe zum
Leben sind, durch die wir wachsen und reifen."

Antoine de Saint-Exupéry

Einverstanden?

Begegnung Nr. 19

Umwege erhöhen die Ortskenntnisse!

Wer hat eigentlich gesagt, dass wir den Weg, den wir gehen, immer wieder gehen müssen? Niemand! Der Satz: „Never change a winning team" mag zwar seine Berechtigung haben, ist allerdings nicht in Stein gemeißelt.
Absichtlich einen Umweg zu gehen, wird Erfahrungen bringen, die du auch nur dann machst. „Das haben wir aber schon immer so gemacht" ist ein Satz, der etwas Wichtiges nicht bedenkt:

Die Welt verändert sich laufend.

Wenn du DEINEN WEG finden willst, dann gehe auch mal andere Wege, die andere noch nicht gegangen sind und gehe auch mal querfeldein. Warum? Du wirst mehrere Hürden erwischen, die dich besonders trainieren!

Also lauf mit und wenn du einen „Umweg" gehst, kann es sein, dass du entdeckst, was es noch anderes gibt, als das bereits Bekannte.

Dein Adler spricht...

„Nur wer seinen eigenen Weg geht, kann von niemandem überholt werden."

Marlon Brando

Begegnung Nr. 20

Alexander Munke persönlich: Begegnungsqualität

„Lasse nie zu, dass du jemandem begegnest, der nicht nach der Begegnung mit dir glücklicher ist."

Anjezë Gonxhe Bojaxhiu

Der Wert und das Schöne in unserem Leben sind die Begegnungen. Das können private Begegnungen sein oder diejenigen, die du beruflich erlebst.

Im beruflichen Leben – und davon sprechen wir hier – begegnest du oft Menschen, die du nicht wirklich kennst, vielleicht nur manchmal siehst oder zum ersten Male.

Von der Qualität dieser Begegnungen hängt dein Erfolg ab. Im Privaten kannst du Fehler ausbügeln, dich entschuldigen, wieder neu anfangen, deinen Partner zum „Alles-wird wieder-gut-Essen" einladen. Im beruflichen Leben hast du meist nur „einen Schuss frei" wie man sagt.

„Der erste Eindruck zählt und der letzte bleibt."

Deshalb ist es eine gute Idee, in diesen Begegnungen professionell, das heißt, wie ein Adler zu sein.

Sich mit der Qualität von Begegnungen zu beschäftigen, geht über das Rezepte befolgen hinaus. Es ist eine grundsätzliche Haltung Menschen gegenüber und der Respekt vor einem Kernsatz, den Adler kennen und beherzigen. Er lautet:

„Menschen wollen gehört, beachtet und respektiert werden."

Dies ist die Grundlage aller Begegnungen: Wir arbeiten mit Menschen, nicht mit anonymen Figuren. Menschen kaufen von Menschen, Menschen arbeiten mit Menschen, Menschen begegnen Menschen.

Und Menschen so zu begegnen wie es „menschgerecht" ist und insbesondere ihnen so zu begegnen, dass die Begegnung Freude macht, das ist Adlerqualität. Gute Stimmung ist der erste Schritt zur Zustimmung!

„Es sind die Begegnungen mit Menschen, die das Leben lebenswert machen."

Guy de Maupassant

Die Adlerbegegnungsqualität findet ihren Ausdruck in verschiedenen Phasen der Begegnung. Jede von ihnen ist von Bedeutung und wird bemerkt.

Im Folgenden werden Aspekte der beruflichen Begegnung aufgezeigt und du findest Anregungen zur Optimierung der Begegnungsqualität.
Manches wird selbstverständlich erscheinen und das Selbstverständliche wird oft vergessen. Es ist von großem Wert, es sich immer wieder ins Bewusstsein zu rufen.

Die 7 B's der Adlerbegegnungsqualität:
Begrüßen, Beraten, Begeistern, Bedienen, Betreuen, Bedanken, Binden

1. *Begrüße wie ein Adler*

Beispiel: Du gehst in einen Supermarkt. Meist wird dich keiner begrüßen, du wirst es auch nicht erwarten. Danach gehst du in ein kleines Geschäft, in dem du begrüßt wirst. „Guten Tag, womit kann ich ihnen Freude bereiten?"

Der Effekt liegt auf der Hand, die Begrüßung ist angenehm, die Begegnung fängt gut an, sie hat Qualität. Du wirst beachtet.

Adlerqualität in der Begrüßung ist die Herzlichkeit des Adlers. Dein Adler freut sich über den Menschen, der zu ihm kommt. Er fühlt sich nicht gestört, im Gegenteil, er ist erfreut. Er schaut nicht weg, er schaut an!

2. Berate wie ein Adler
Beratung hat etwas mit Kompetenz zu tun und mit Fingerspitzengefühl. Das sind die weißen und die schwarzen Tasten des Klaviers, das Offensichtliche und das Feine.

Beraten kann nur derjenige, der weiß, wovon er redet. Das ist eine Frage der Kompetenz, die durch Ausbildung und fortlaufendes Training zu erreichen ist.
Adlerqualität in der Beratung zeigt sich im Fingerspitzengefühl, dem „Wie" du berätst.

Die Falle, in die man in der Beratung treten kann, ist das Besserwissen. Meist wirst du mehr über ein Produkt wissen, als der Kunde. Nur, lass ihn das nicht auch noch spüren!
Die meisten Menschen sind bereit zu lernen, aber nur die wenigsten, sich belehren zu lassen, hat Winston Churchill einmal gesagt.

Adlerbegegnungsqualität in der Beratung lässt dein Gegenüber bestehen, ihr seid auf Augenhöhe und du bereicherst ihn mit deiner Kenntnis. Du kannst zum Beispiel sagen:

„Ja, Sie wissen sicher schon eine Menge über unser Produkt und es gibt noch ein interessantes Detail, das ich Ihnen gern erläutern möchte."

3. Begeistere wie ein Adler

Begeisterung ist ein Qualitätsmerkmal der Adlerbegegnung. Das Besondere erweckt Staunen und das Staunen ist die Quelle von Interesse.

Alles, dem etwas Besonderes anhaftet, ist interessant und das macht interessiert. Interesse ist die Vorstufe zur Begeisterung.

Alles hat etwas Besonderes, du musst es nur entdecken wollen und darüber sprechen.

Das Besondere könnte auch in der Qualität der Begegnung liegen, darum dreht es sich hier.

Das Besondere in der Begegnung liegt in der persönlichen Ansprache, das heißt, der Kunde fühlt sich gekannt und das startet schon damit, dass du ihn mit seinem Namen ansprichst. Das begeistert.

Ein kleines Beispiel: Stell dir vor, die Stewardess spricht dich im Flieger mit deinem Namen an. „Darf es ein Kaffee sein, Herr Schmidt?" Das wäre der Adler im Flieger und das begeistert.

4. Bediene wie ein Adler
„Meine Mitarbeiter sind Ladies und Gentlemen, die Ladies und Gentlemen bedienen", sagte einmal Herr Hilton, einer der erfolgreichsten Hoteliers der Welt.
Dienen hat nichts mit Sich kleinmachen zu tun. Eher im Gegenteil:

Wer klug zu dienen weiß, ist halb Gebieter.

Dein Adler erkennt den Kunden und geht auf sein Niveau, er holt ihn da ab, wo er ist.
Wie gesagt, er sieht den Kunden und der Kunde fühlt sich gesehen, das ist die Begegnungsqualität der Adler.

5. Betreue wie ein Adler
Dein Adler ist aufmerksam. Er hat den Kunden „im Auge". Aufmerksamkeit ist volle Aufmerksamkeit. Es gibt nicht geteilte Aufmerksamkeit. Aufmerksamkeit ist ein Geschenk, das nur als Ganzes Qualität hat.

Es geht dabei darum, dass der Kunde beachtet wird und dieser Beachtung wird auch genüge getan, wenn er erfährt, dass du dich gleich um ihn kümmern wirst. Das ist aufmerksam.

Das Gegenbeispiel ist die lange Schlange vor einer Kasse im Supermarkt. Adler würden die zweite Kasse öffnen, das ist Begegnungsqualität.

Das mögen Kleinigkeiten sein, aber:

6. Bedanke Dich wie ein Adler

Jemandem danke zu sagen ist, ihm Respekt zu zollen, auch wenn er kein Trinkgeld gibt.

Es ist eine Geste, die verbindet.

Adler sagen Danke und ein Danke kommt tausendmal zurück.

7. Binde deinen Kunden oder deinen Mitarbeiter wie ein Adler

Binden tust du einen Menschen, wenn er merkt, dass du an ihn denkst, auch wenn er nicht mehr vor dir steht.

Kundenbindung, Mitarbeiterbindung ist der Brückenschlag in die Zukunft.

Dein Adler spricht...

„Menschen binden ist etwas sehr persönliches und das sehr Persönliche bindet."

Das Persönliche, den Anknüpfungspunkt für eine Bindung wirst du finden, wenn du hinhörst. Hinhören, herausfinden, wer dein Gegenüber ist, was er/sie möchte, was er/sie mag ist wichtiger als alles, was du sagst. Dieses Wissen voneinander bindet.

Man könnte sogar sagen, dass das Hören des Gegenübers wichtiger ist, als die noch so ausgefeilte Kunst des Sprechens.

Wenn du Menschen hörst, bewirkst du die Begegnungsqualität, die bis in die Zukunft reicht.

Dein Adler spricht...

Die vier M's!
Man Muss Menschen Mögen,

Du wirst Dich freuen, wenn sie zur Tür hereinkommen.

„Aufmerksamkeit auf einfache kleine Sachen zu verschwenden, die die meisten vernachlässigen, macht ein paar Menschen reich."

Henry Ford

Begegnung Nr. 21
Mitarbeiter oder Abarbeiter?

Die Arbeit muss getan werden, Aufgaben müssen bearbeitet werden.

Dein Adler spricht...

„Die Haltung zur Arbeit, die Arbeitseinstellung ist das i-Tüpfelchen. Die positive Haltung zur Arbeit „veredelt" das, was getan werden muss."

Die Arbeitseinstellung kann man vereinfacht in zwei Kategorien einteilen. Die eine ist der **Mitarbeiter** und die andere ist der **Abarbeiter.**

Schauen wir uns den Unterschied in diesen Arbeitseinstellungen an.
Der Abarbeiter arbeitet das, was er zu tun hat ab. Sein Fokus liegt darauf, dass seine Arbeit erledigt wird. Mit Arbeit meint der Abarbeiter seine Arbeit, er sieht nicht das Ganze und es interessiert ihn auch nicht. Der Abarbeiter tut das, was er tun soll und fragt nicht nach den Hintergründen.
Beispiel:

Ein Hoteldirektor bittet einen Kellner, bei der Konferenzpause zugegen zu sein. Der Mitarbeiter steht im Konferenzbereich und steht da und steht da und weiter nichts. Auf die Frage, was er hier tut, antwortet er: „Der Chef hat gesagt, ich soll mich hierher stellen".

Das hat er auch getan. Eine übrigens wahre Geschichte.

Er hat das getan, was ihm gesagt wurde, weiter nichts, wie ein Automat, der auch nur das tut, was ihm „gesagt" wird.

Ein Beispiel aus dem Büro: Der Mitarbeiter heftet die Beschwerdebriefe und die positiven Feedbacks ab und gibt sie dem Chef, so wie sie sind, weil der sie sehen will. Das ist abarbeiten.

Der Unterschied vom Abarbeiter zum Mitarbeiter liegt darin, dass der Mitarbeiter auch ein

Mitdenker

ist. Der Hotelmitarbeiter oder der Mitarbeiter im Büro könnten mitdenken, dann hätten sie ihre Bezeichnung „Mitarbeiter" verdient.

Mitdenken ist ganz einfach. Es bedeutet nur, dass der Mitarbeiter sich fragt:
Was ist das Ziel, der Zweck, der Sinn meiner Arbeit.

Dann kann er aus eigenem Antrieb – das ist der Unterschied zum Automaten – diese Arbeit „besser" machen.

Dein Adler spricht...

> *„Der Mitarbeiter arbeitet zielorientiert.*
> *Er unterstützt die Ziele seiner Abteilung,*
> *seines Unternehmens."*

Wenn wir das Beispiel mit dem Kellner wieder aufgreifen, wäre das Ziel seiner Präsenz die professionelle Betreuung der Gäste. Das heißt, mit den Gästen in Kontakt zu sein, sie anzusprechen, behilflich zu sein, etc.. Warum? Damit die Leistung des Hotels dem entspricht, was der Gast erwartet und bei Erfüllung der Erwartung wiederkommt. Zurück zum Beispiel der Feedbackauswertung im Büro: Der Sinn der Sammlung von Feedbacks liegt darin, darauf reagieren zu können, sich zu verbessern oder Gutes noch besser zu machen. Der Kunde unterstützt uns mit seinem Feedback, er

arbeitet gratis und vor allem wertvoll für uns mit.
Es liegt auf der Hand, dass man die Verbesserung
nur effektiv bewirken kann, wenn das Feedback
strukturiert nach Themen geordnet wird. Sonst
ist es Datenmüll. Der Chef muss wissen, wo die
Schwerpunkte sind und wo Handlungsbedarf
besteht.
Wertvolle, veredelte Arbeit dient dem Ziel.
Der Mitarbeiter arbeitet zielorientiert, der
Abarbeiter arbeitet zeitorientiert.

Dein Adler spricht...

> „Manch einer verdient nicht, was er bekommt.
> Manch einer bekommt nicht, was er verdient.
> Manch einer sollte froh sein, dass er nicht
> bekommt, was er verdient."

Was bedeutet „verdienen"?
Verdienen bedeutet, dass ein Mehrwert geschaffen
wird.
Dieser Mehrwert liegt darin, dass durch die
Arbeit das Ziel erreicht wird und gute Ergebnisse
entstehen. Ein Ziel zu erreichen bedeutet, dass
etwas geschieht, das vorher nicht da war.
Nun könnte man sagen, dass auch der

„Mitarbeiterautomat", der Abarbeiter einen Beitrag leistet. Er tut ja etwas.

Der feine Unterschied zum Mitarbeiter liegt darin, dass der Mitarbeiter mitdenkt, sein „helles Adlerköpfchen" nutzt und nicht nur trägt.

Das Mitdenken beruht auf der Frage: „Was kann ich zusätzlich tun, damit wir unser Ziel erreichen?" Das Zusätzliche liegt nicht darin, dass du mehr arbeitest, über die Arbeitszeiten hinaus verfügbar bist.

Es bedeutet lediglich, dass du den Sinn deiner Aufgabe erfasst und demnach handelst. Das ist dann ein Mitarbeiter, ein Adler!

Zielorientiert mitdenken kann allerdings nur derjenige, der das Ziel seiner Abteilung oder des Unternehmens kennt.

Wer das Ziel, den Mehrwert, den es zu erreichen gilt, nicht kennt, sollte danach fragen.

Es gibt eine verbreitete Managementmethode, sie heißt „Management by Champignon":

Die Mitarbeiter werden wie Champignons im Dunkeln gehalten und wer den Kopf hochstreckt, dem wird er abgeschnitten.

Adler haben den Mut, dafür zu sorgen, dass sie die Ziele kennen, sie haben den Mut zu fragen oder die Ziele mitzugestalten.

An Zielen kann man wachsen und wenn Ziele gemeinsam getragen werden, wird man gemeinsam wachsen.

Es zählt nicht, wie fleißig du gearbeitet hast, sondern wie effektiv du das Ziel unterstützt hast.

„Der Langsamste,
der sein Ziel nicht aus den Augen verliert,
geht noch immer geschwinder, als jener,
der ohne Ziel umherirrt.“

Gottfried Ephraim Lessing

Begegnung Nr. 22
Alexander Munke persönlich: Dienstleistungsbegeisterungsbereitschaft

„Was du kannst, wirst Du gut tun.
Was Du gern tust, wird Deine Arbeit von anderen
unterscheiden.
Was Du liebst zu tun, wird Dich und Deine Kunden
begeistern."

August Hermann

Es gibt Menschen, die tun das, was ihre Berufung ist. Ihre Arbeit ist ihr Lebensinhalt. Das sind Ausnahmeerscheinungen.

„Berufung im pragmatischen Sinn ist das Gefühl,
da, wo ich bin, bin ich gerade richtig."

Eva Maria Zurhorst

Diese Menschen sind sehr glückliche Menschen, weil sie erfüllt sind. In deiner Berufung zu sein, gibt dir das Gefühl, nicht zu arbeiten, sondern Freude zu haben und davon kannst du nicht genug bekommen. Das ausüben zu dürfen, was du liebst, macht zufrieden und glücklich. Das kann in der Jugend etwas ganz anderes sein, als im späteren Leben. In jedem Fall strahlen diese Menschen und ihr „Glücklichsein" ist ihnen anzusehen. Sie vergessen bei dem was sie tun, auch gern die Zeit.

Hier ein Beispiel aus meinem Alltag: Mein Motorradmechaniker um die Ecke, der mir mein Motorrad sorgfältig einstellt, der sich die Zeit für mich und seine Arbeit nimmt, arbeitet immer vergnügt und ausgelassen, oft auch bis spät in die Nacht. Die Freude „am Schrauben" ist unübersehbar. Er ist ein Adler! Er liebt seine Arbeit, er ist kompetent und bereit, dir und mir mit seinem Können zu dienen. Er ist aktiv, nicht abwartend, aus ihm sprudeln Lösungen für deine Fragen, die aus seiner Kompetenz genährt sind. Er ist bereit, dir seine Dienstleistung begeisternd anzubieten. Das ist wie eine Liebeserklärung. Du wirst dich hingezogen fühlen. Deshalb gehst du zu ihm.

Dein Adler spricht...

„Sorge dafür dort zu sein, wo du das Gefühl hast: Ich bin zur richtigen Zeit am richtigen Ort. Ich bin in meinem Element!

„Das was ich tue, füllt mich aus und macht mich und andere Menschen glücklich."

Das ist Motivation und die hält solange an, wie du den Sinn in deinem Tun siehst. Es ist völlig egal, ob du dein Leben lang der gleichen Berufung nachgehst oder verschiedene Berufungen erlebst.

Wichtig ist, eine Berufung dann zu verlassen, wenn du dich nicht mehr berufen fühlst, weil du dich verändert oder weiterentwickelt hast. Sonst kann es sein, dass du deine „Adlerfedern" verlierst.

Immer, wenn Menschen bereit sind,
ihre Dienstleistung, die ihnen selber
Freude bereitet, begeisternd anzubieten,
haben wir es mit der erwähnten
„Dienstleistungsbegeisterungsbereitschaft" zu tun.
Das ist ein Kernpunkt des Adlerverhaltens. Es ist die Botschaft: „Meine Freude an meiner Arbeit ist dein Nutzen!" und einer der Erfolgsfaktoren des Adlers.

Die Dienstleistungsbegeisterungsbereitschaft hat drei Aspekte:

1. *Die Bereitschaft*
   Bereitschaft ist eine Haltung.

2. *Die Begeisterung*
   Begeisterung ist der Treibstoff, der schnell verbrennt. Der Tank muss immer wieder aufgefüllt werden, kein Motor holt sich selbst den Sprit.

3. *Das Umfeld*
   Das Umfeld, die Atmosphäre und die Arbeitsbedingungen unterstützen die Bereitschaft zur Dienstleistungsbegeisterung.

Der Unterschied zwischen Adlern und Hühnern zeigt sich darin, dass die Adler scharfe Augen haben und scharfe Augen bedeutet, dass sie sehr klar auf den Grund schauen. In die Tiefe zu schauen ist eine Adlerqualität, seine Sichtweise.

Dein Adler spricht...

„Bereitschaft ist eine positive Haltung, die das „Wollen" wiederspiegelt. Diese Haltung ist der Nährboden, in dem die Bereitschaft vorhanden ist, etwas entstehen, wachsen zu lassen.
Auf gutem Boden gedeiht Wachstum!"

Die Hühner glauben, dass dieser Boden, diese Haltung vorhanden sein muss. Wo der Boden nicht existiert, kannst Du ihn kreieren! Du kannst auch eine Haltung, eine Bereitschaft erzeugen, wo sie vorher nicht existierte. Das ist die Adlerkompetenz in der Mitarbeiterführung. Dafür werden Führungskräfte bezahlt. So ähnlich, wie die Trainer im Fußball, die aus einer Zweitliga-Mannschaft Sieger in der ersten Liga formen.

„Wer ernten will, muss säen.“

Die Hühner machen es sich bequem. Dafür bleibt die Ernte aus. Dein Adler hingegen stellt sich die Frage, wie er diese Bereitschaft, die dann Früchte trägt, erzeugen kann. Adler wissen, dass niemand mit einem Etikett am großen Zeh geboren wurde, auf dem steht: „Ich liebe Lebensmittel!“ oder „Wir lieben Autos“ oder „Freude am Fahren“ oder „Ich liebe es“ und deshalb eine Haltung hat, die den Kunden begeistert.

Slogans alleine und damit allein gelassene Mitarbeiter sind wie eine Lokomotive, die losfährt aber nicht alle Waggons, die an ihr hängen mitzieht oder um im Bilde zu bleiben, sie hängen lässt…

auf diesen abgehängten Waggon trifft der Kunde, das ist schon mal sicher!

Dein Adler spricht...

> *„Wer keine geeigneten Werkzeuge hat,*
> *dem nutzt der beste Wille nichts.“*

Ein weiterer Schlüssel liegt darin, dass nur der kompetente, informierte und ausgebildete Mitarbeiter bereit sein kann, dem Kunden zu dienen. Der „unfreundliche“ Mitarbeiter hat Recht, wenn er sich abwendet, könnte man meinen. Der Kunde könnte ihm eine Frage stellen, die er nicht beantworten kann, sehr unangenehm, allerdings „Hühnerdenken“! Der Adlermitarbeiter will freundlich sein und wird dafür sorgen, dass er kompetent, informiert und ausgebildet, seine Kunden bedienen kann. Wird ihm der Zugang zu seinem „Werkzeugkasten“ verwehrt, wird er sich ein anderes Unternehmen suchen.

Beispiel: Ein Kellner soll Empfehlungen zur Bestellung geben, das heißt, er soll beraten. Er wird das nur tun, wenn er weiß, was er empfiehlt.

Sonst läuft er Gefahr, mit leeren Händen auf eine Nachfrage des Gastes dazustehen.

Der „Huhnmitarbeiter" tut dann besser daran, nicht zu empfehlen.

Der „Adlermitarbeiter" identifiziert sich mit seinem Job und hat sich schon längst bei seinem Kochkollegen schlau gemacht, sogar die Tagesempfehlung probiert.

Fazit:

Was der Mitarbeiter kennt, wird er empfehlen.

Die Haltung zu dienen, hat zur Voraussetzung, dass ich weiß, womit ich diene.

Das ist eine Frage des Trainings. Hühner würden sagen, das ist doch klar. Nur, wenn es so klar wäre, wären mehr Adler unterwegs.

Dein Adler spricht...

„Begeisterung ist wie eine Blume, sie verwelkt nach ein paar Tagen.
Oder: Begeisterung ist das Duschen des Geistes.
Sorge dafür, dass er jeden Tag erfrischt und sauber gehalten wird."

Hühner glauben, dass Begeisterung permanent vorhanden sein sollte. Gute Idee, trifft aber nicht zu. Das haben sogar die Hühner gemerkt, die sich dann lieber Plastikblumen in die Vase stellen. Die muss man nicht gießen und sie sehen immer nett aus.

Diese Plastikblumen sind so wie die Plastikschilder, die an den Verkäufern hängen, auf denen steht: „Ich bin immer für sie da".

Wäre besser, der Kunde müsste das nicht auf einem Plastikschild lesen, sondern würde es spüren.

Wären diese Schilder allerdings aus echten Blumen, müssten sie alle drei Tage erneuert werden, damit sie erfreuen.

Und es wäre schön für das Geschäft, wenn nicht der Kunde die Begeisterung mitbringt, sondern sie in Deinem Geschäft findet.

Begeisterung setzt, ebenso wie die Bereitschaft zur Dienstleistung, voraus, dass es etwas gibt, wofür man sich begeistern kann.

Dein Adler definiert, was das Besondere, das Begeisternde an seinem Produkt, das er verkaufen will, ist.

Das Besondere, also das, womit sich das Produkt unterscheidet, ist das, worüber man begeistert sein kann.

Dieses Besondere wird Dein Adler immer wieder herausstellen, seine Mitarbeiter in diesem Wissen trainieren, weil er weiß, dass nichts so kurzlebig ist, wie das Besondere und die Begeisterung darüber. Begeisterungsbereitschaft hat einen weiteren Boden, aus dem sie entsteht:

Das Umfeld, in dem der Mitarbeiter arbeitet.

Wer unter schlechten Arbeitsbedingungen arbeitet, wird sich nicht begeistern, eher im Gegenteil. Schlechte Arbeitsbedingungen halten Mitarbeiter im Dunkeln, wie in der Legebatterie im Hühnerhof, nur noch eine Stufe drunter.

Licht ins Dunkel und damit die Bereitschaft zur Begeisterung entsteht durch drei einfache und effektive, mensch-respektierende Bausteine:

1. Die Arbeitsplatzbeschreibung
   Nur wer weiß, wofür er verantwortlich ist, das heißt, was seine Tätigkeit ist, wird sich dafür einsetzen. Frage: Hast Du diese Beschreibung?

2. Die Zielvereinbarung

Wer nicht weiß, woran er gemessen wird, wird sich nicht anstrengen. Frage: Hast du diese Vereinbarung?

3. Das Mitarbeiterfeedback

Menschen wollen wissen, wo sie mit ihrer Arbeit stehen. Der Handwerker hat unmittelbares Feedback, der Goldschmied zum Beispiel sieht, was er erschaffen hat. Die meisten Mitarbeiter arbeiten aber an einem großen Ganzen, in dem sie ihren Erfolg nicht offensichtlich vor Augen haben.

Wer keine Rückmeldung über seine Arbeit hat, steht im Dunkeln. Wofür soll er sich begeistern? Er hat Recht, wenn er nach Vorschrift arbeitet. Frage: Bekommst du dieses Feedback?

Fazit deines Adlers:

Adler haben Respekt vor sich und anderen und der zeigt sich in der Zusammenarbeit auch eben darin, dass diese Zusammenarbeit die eben beschriebene Adler Struktur hat.

Damit hast du den Boden für Begeisterung gepflegt.

Begegnung Nr. 23
Eigenverantwortung

Du erinnerst dich sicher an die Zeit, wo du als Kind auf dem Hof Ball gespielt hast. Plötzlich zersplitterte die Fensterscheibe in Nachbars Haus. Das war ein unbeabsichtigter Volltreffer.
Dann kamen der Nachbar oder am Abend die Eltern von der Arbeit und fragten:

"Wer war das?"

Heute als Erwachsene werden wir auch gefragt, wer die Verantwortung für ein Ergebnis trägt, die Verantwortung für das, was geschieht oder geschah oder geschehen wird.

Damals als Kinder habt ihr wahrscheinlich nicht gesagt, wer das war oder ihr habt gesagt. „Ich habe geschossen, aber Fränzchen hat mich geschubst".

Die Frage nach dem „Wer war das" ist die Frage nach der Ursache des Geschehens und wer die Ursache ist, hat zu verantworten, was geschieht. Von ihm geht oder ging die Aktion aus, er hat das Ergebnis zu verantworten.

Eigenverantwortung

Verantwortung hat oft den Beigeschmack von Schuld. Das allerdings ist überhaupt nicht gemeint. Verantwortung heißt lediglich, dass man die Ursache des Ergebnisses ist und deshalb ist man nicht schuldig, man ist die Ursache. Wir sind bei der Arbeit und nicht vor Gericht….

Wenn du sagst, du seist verantwortlich, dann ist das 100 %.
Das allerdings ist so, als würde man den Hühnern in Menschengestalt das Kreuz vorhalten. Das will niemand sehen. Das ist zu harter Tobak.

Warum? Ganz einfach: Weil du dann keine Ausreden mehr hast wie z.B. Fränzchen hat dich geschubst und deshalb ist die Scheibe kaputt.

Der Hühnerhof sucht nach Ausreden und Entschuldigungen, gibt die Verantwortung an andere Menschen oder die Umstände ab, so wie man eine heiße Kartoffel gern weitergibt.

Dein Adler spricht...

„Nur wenn du zu 100% Verantwortung übernimmst,
wirst du etwas tun,
etwas anders machen.

*Sonst nimmst du die Haltung der Hühner ein
und suchst nach Erklärungen,
die dir den Hals retten, aber nichts bewegen."*

Wenn du dir das Wort „Eigenverantwortung"
anschaust, wirst du darin einzelne Worte finden,
die das ganze Kompendium des Managements
ausmachen. In dem Wort stecken folgende Teile:

E I G E N V E R A N T W O R T U N G
Ein Wort von „großer Bedeutung"

WO stehst du jetzt und wo willst du hin? Definiere
deinen Stand- und Ziel **ORT** durch die **ORTUNG**
und finde die **ANTWORT**en, die du brauchst. Dann
gib´ dir dein **WORT** zur Tat und beginne es zu **TUN** !
Jetzt **RAN** an den Speck! As busy and hardworking
as an **ANT** (engl. Ameise) und mit dem Vertrauen,
wie **VERA** („die Wahre ") sowie dem Adler**EI** als dein
Ursprung hilft dir dein Adler**GEN,** das in dir steckt,
dein Ziel **EIGENVERANTWORTUNG**svoll
zu erreichen!

*„Verantwortung für sich selbst ist die Wurzel
jeder Verantwortung"*

Mong Dsi

Begegnung Nr. 24
Nutze Deine Zeit!

Adler kennen keine Zeit. Sie kennen Prioritäten und sie nehmen ihre Prioritäten ernst."

Zeit ist etwas Kostbares, wenn du sie nutzt, sonst rinnt sie dahin. Nutzen der Zeit bedeutet im Arbeitsleben, die Ergebnisse zu erreichen, die du haben willst und zwar innerhalb einer von dir bestimmten Zeit.

Es gibt eine schöne Fabel zu diesem Thema:

Ein Mann wandert durch einen Wald und sieht einem Holzfäller bei der Arbeit zu. Er zählt die Bäume, die der Holzfäller bis dahin gefällt hat. Es sind zehn Bäume.

Am nächsten Tag kommt er des Abends wieder am Arbeitsplatz des Holzfällers vorbei und er sieht, dass der Holzfäller nur acht Bäume gefällt hat. Am folgenden Tag sind es noch weniger, nämlich nur noch fünf Bäume. Das erstaunt ihn und er fragt den Holzfäller: „Warum fällst du jeden Tag immer weniger Bäume?"

Darauf antwortet der Holzfäller, der wirklich fleißig arbeitet und kaum aufschaut während er spricht: „Weißt du, mein Beil ist nicht mehr so scharf wie am ersten Tag".

Darauf stellt ihm der Mann eine ganz einfache Frage:

„Warum schärfst du das Beil dann nicht?"

Darauf sagte der Holzfäller mit fast beleidigtem Ton:

„Hör mal, weißt du eigentlich, wie viel ich zu tun habe? 45 Bäume muss ich fällen, ich habe erst 23 Stück! Ich habe also noch 22 Stück vor der Brust!" Dabei wischte er sich den Schweiß von der Stirn und bevor er sich abwandte, sagte er noch:

„Übermorgen muss ich in den nächsten Wald, lass mich in Ruhe! Ich hab' keine Zeit, mein Beil zu schärfen, das dauert mir zu lange. Ich muss die Bäume fällen, verstehst du, sonst habe ich nichts verdient..." Und dann arbeitete er weiter und weiter. Es ist nicht überliefert, ob er sein Ziel innerhalb der gesetzten Zeit erreicht hat.

> *„Die Quantität kann die nicht leiden,*
> *die sich mit Qualität bescheiden."*

Erich Limpach

Vieles im täglichen Arbeitsleben muss gemacht werden, nur wer glaubt, dass alles die gleiche Priorität hat, der irrt und ist verloren wie der arme Holzfäller.

Dein Adler spricht...

> *„Es kommt sicher darauf an, dass du alles richtig machst, wichtiger ist es jedoch, das Richtige zu tun."*

Bleibt die Frage übrig, was denn das Richtige ist. Adler sind zielorientiert: Das Richtige liegt darin, das zu tun, was dich ans Ziel bringt.
Das betrifft auch die Werkzeuge, die du nutzt, um dein Ziel zu erreichen wie zum Beispiel Beile schleifen. Du weißt, was ich meine.

Ein weiteres Beispiel: In der Gastronomie hat ein guter Koch immer seine eigenen Messer, die er hütet und pflegt. Die Zeit, die er in die Messer investiert, hat Priorität, sie ist die richtige Investition, weil er nur mit guten Messern qualitativ hochwertig arbeiten kann und damit eine der erforderlichen Voraussetzungen hierfür besitzt.

In der Akquisition, um ein anderes Beispiel zu nehmen, ist es richtig, den Kontakt zum Kunden zu halten, zum Beispiel zu telefonieren, ihn zu treffen. Damit vergeht viel Zeit.

Ob du dabei allerdings das Richtige machst, ist die Frage und die Antwort kann dir im übertragenen Sinne der Koch geben:

Sind deine Messer, das heißt deine Werkzeuge geschärft, hast du dir die Zeit genommen, die Präsentation auf den neusten Stand zu bringen und bist du trainiert, dem Kunden zu begegnen?

Es kommt nicht darauf an, wie viel Zeit du hierfür investierst. Es ist ohnehin, verglichen mit nutzlos verbrachter Zeit, wenig. Dein Investment an Zeit wird sich, wenn du deine Werkzeuge schärfst, 100-mal lohnen.

Begegnung Nr. 25

Deine Zukunft ist nicht die Verlängerung deiner Vergangenheit!

„Die Zukunft hat viele Namen:
Für Schwache ist sie das Unerreichbare,
für die Furchtsamen das Unbekannte,
für die Mutigen die Chance."

Victor Hugo

Wir brauchen unser Leben nicht so fortzuleben, als wäre unsere Zukunft nur die Verlängerung unserer Vergangenheit. Das wäre so, als liefe unser Leben auf einer Eisenbahnschiene, deren Weg vorgezeichnet und unveränderbar ist, als wäre unser Lebensweg in Stahl gegossen.

Die Stationen des Lebens wären dann vorgezeichnet, in einem Fahrplan, den jemand anderes geschrieben hat. Du folgtest nur den Schienen, es gibt keine besonderen Ereignisse, außer ein paar Stationen am Wege. Das war es dann.

Das hat einen Vorteil, wenn man so will: Du bist sehr sicher, was die Zukunft angeht, todsicher im wahrsten Sinne des Wortes.

Das ist eine Möglichkeit, seine Zukunft zu betrachten.

Diese Sichtweise findest du häufig auf dem Hühnerhof. Das Leben der Hühner geht geradeaus, direkt in die Hände der Metzger.

Wenn du in diesem Moment deinen eigenen Nachruf schreiben würdest, ginge es darum, diesen Bindestrich, der auf deinem Grabstein zwischen er lebte von – (bis) stehen wird, zu beschreiben.

Sicher schreibst du nicht schon jetzt deinen Nachruf. Aber du könntest diesen Bindestrich, den einzigartigen und persönlichen Inhalt deines Lebens und die Zukunft deines Lebens schon jetzt beschreiben, sozusagen als Entwurf.

Dazu kommen wir gleich.

Dein Adler geht Schritt für Schritt, bevor er fliegt.

Also:

Wenn wir uns von dieser „Mein-Leben-sieht-morgen-so aus-wie-gestern-Anschauung" lösen, laden uns tausend Möglichkeiten zu einem erfüllten und lebendigem Leben ein.

Bevor wir diesen Einladungen zu Möglichkeiten in der Zukunft folgen, lass uns noch einen Moment innehalten.

Man könnte meinen, dass andere mehr Glück haben als unsereins, ihnen bieten sich eben mehr Möglichkeiten.

Dein Adler spricht...

> *„Allen bieten sich die gleichen Möglichkeiten.*
> *Allerdings nicht alle erkennen und*
> *noch weniger ergreifen sie.*
> *Was das Adlerleben ausmacht, ist das TUN*
> *mit Herz, Mut und Verstand.*
> *Alle drei Komponenten sind wichtig!"*

Wer ist dafür verantwortlich, wie deine Zukunft ausschaut?

Deine Herkunft? Dann wären wir im indischen Kastensystem, dann hättest du Recht, sonst ist es nur eine Ausrede.

Hängt sie von der gesamtwirtschaftlichen Entwicklung ab, oder etwa von der guten Zusammenarbeit mit den Kollegen?

Könnte man dem Adler folgen und zum gleichen Thema sagen, dass die Wirtschaft so ist, wie sie ist und deine Kollegen so sind, wie sie sind und daraus schlussfolgern: „Mach etwas daraus!"

Es gibt viele Aspekte, die man dafür anführen kann, dass du zwar gerne deine Zukunft erfolgreich und lebendig gestalten willst, aber dass es ausgerechnet dir oder den anderen nicht möglich ist, etwas dafür und für dich zu tun.

Könntest du sagen: „Egal, was kommt, ich richte mich danach aus und ich bin die Ursache meines Erfolges!"?
Eine alte Weisheit sagt:

„Es kommt nicht darauf an, woher der Wind kommt. Es kommt darauf an, wie Du Deine Segel setzt."

Sokrates

Das bedeutet, du hast es in der Hand und zwar zu 100%!!

Adler wissen das und sie fügen hinzu, dass Verantwortung für deine Zukunft nicht teilbar ist, entweder du nimmst die Verantwortung ganz oder gar nicht. Nur halb gesetzte Segel sind nichts wert!

Man soll die Dinge so nehmen, wie sie kommen.
Aber man sollte auch dafür sorgen, dass die Dinge
so kommen, wie man sie nehmen möchte.

Die Schlaftablette für den Hühnerstall ist die
Ausrede, irgendein Grund dafür, dass man nicht
ans gesetzte Ziel kam. So ähnlich wie damals, als
die Fensterscheibe zerbrach: „Fränzchen hat mich
geschubst!"

Denke daran:
Wenn du mit dem Finger auf andere zeigst, sind drei
Finger deiner Hand immer auf dich gerichtet.
Wenn du dich mit Verantwortung weiter
auseinandersetzt, also sie wie Dein Adler
reflektierst, wirst du diese Erkenntnis haben:

Wer seine Zukunft von den Umständen oder
anderen Menschen abhängig macht, hat sein
Unglück schon gepachtet.
Deine Zukunft ist dadurch bestimmt,
wie verantwortlich du sie gestaltest,
allein verantwortlich oder besser gesagt
EIGENVERANTWORTLICH.

Deine Zukunft ist nicht die Verlängerung deiner Vergangenheit!

„Einen Fehler durch eine Lüge zu verdecken heißt, einen Flecken durch ein Loch zu ersetzen."

Aristoteles

Gestaltung ist Leben, ist Adlerleben!

So manch' einer ist mit 18 gestorben und wird erst mit 80 beerdigt! Davor schütze uns unser Adler!

„Die Kritik an anderen, hat noch niemandem seine eigene Leistung erspart."

Verfasser unbekannt

„Die Hühner fühlten sich plötzlich verpflichtet, statt Eiern Apfeltörtchen zu legen. Die Sache zerschlug sich. Und zwar weswegen? Das Huhn ist auf Eier eingerichtet! So wurde schon manche Idee vernichtet!"

Erich Kästner

Dein Adler spricht!

Begegnung Nr. 26

Motivation: Ein Zeichen von Lebendigkeit

„Ich habe kein besonderes Talent, ich bin nur leidenschaftlich neugierig."

Albert Einstein

Es gibt drei Quellen, aus denen Motivation ihren Ursprung hat.

Die eine Quelle ist der Selbsterhaltungstrieb.

Beispiel: Einen Menschen, der mitten auf dem Meer vom Dampfer gefallen ist, muss man nicht motivieren, alles zu tun, um wieder an Bord zu kommen. Unsere Natur, die der Menschen und der Tiere, sorgt dafür, dass wir „motiviert" sind, unser Leben zu erhalten.

Menschen sind in Notsituationen gleich welcher Art, hoch motiviert, alles zu tun, um ein Ergebnis zu erreichen. Menschen, die das nicht oder nicht mehr tun, sind psychisch krank.

Der Selbsterhaltungstrieb sichert, ob wir leben.

Die zweite Quelle der Motivation ist der Wille zur Gestaltung des Lebens, das heißt, wie wir leben, wie wir unser Leben gestalten.

Das ist ein Privileg der Menschen, weil wir entscheiden können, wie wir leben wollen und eine Wahlmöglichkeit haben, was wir erreichen wollen. Auch diese Motivation zur Gestaltung ist natürlich in uns vorhanden, sozusagen ein „Gen", das AdlerGen.

Wir haben zur Gestaltung unserer Zukunft zwei natürliche Anlagen, so wie der Adler zwei Flügel hat, mit denen er fliegt.
Diese zwei natürlichen Anlagen sind...

...die Neugier und die Sehnsucht.

Man kann das „Motivation" nennen, sie funktioniert von allein, so wie es funktioniert hat, als wir noch Kinder waren, neugierig und sehnsüchtig, etwas zu erreichen.
Ein Kind, das noch nicht laufen kann, wird man nicht motivieren müssen, das Laufen zu lernen. Es hat ein Ziel, sein Leben auf zwei Beinen zu leben und wenn es fällt, will es wieder aufstehen. Wenn es dann laufen kann, verschließt man lieber die Schubladen, weil die Neugier der Kinder sie aufreißen lässt.
Neugier und Sehnsucht sind eng miteinander verwandt. Diese beiden „Flügel", die in uns

angelet sind, brauchen bei Erwachsenen nur aufrechterhalten oder wieder erweckt zu werden.

„Wer das Ziel kennt, kann entscheiden.
Wer entscheidet, findet Ruhe.
Wer Ruhe findet, ist sicher.
Wer sicher ist, kann überlegen.
Wer überlegt, kann verbessern.“

Konfuzius

Wie dieses Erwecken funktionieren kann, hat uns Antoine de Saint-Exupéry in einer schönen Geschichte aufgezeigt:

Vor langer Zeit, als man noch mit Holzschiffen die Meere befuhr und man Schiffe in schwerer Arbeit am Strand baute, waren die Schiffbauer eines Tages nach wochenlanger Arbeit müde und lustlos geworden.

Das Holzfällen in der prallen Sonne war schwer, das Sägen kostete viel Kraft und der Zusammenbau der Schiffe aus den Holzplanken war gefährlich. Der Teer, mit dem die Schiffe wasserfest gemacht wurden, roch so penetrant, dass dieser Geruch selbst nach dem abendlichen Waschen noch allen anhaftete. Der Kapitän, der das Schiff in Auftrag gegeben hatte,

hatte schon alles versucht, um die Männer bei der Arbeit zu halten, doch sie wurden immer langsamer. Nach getaner Arbeit saßen sie eines Abends wie immer am Feuer und der Kapitän erzählte aus seinem Leben als Fahrensmann.

Er erzählte von fremden Ländern, von Inseln hinter dem Horizont im Meer, von der Schönheit Sansibars und der fernen Südsee. Als die Männer davon hörten, riefen sie: „Erzähl uns mehr davon!" und der Kapitän erzählte die ganze Nacht hindurch. Die Augen der Männer glänzten und in ihren Köpfen waren Bilder von der Ferne gemalt.

Die Sonne war noch nicht wieder aufgegangen, da hörte man es sägen und hämmern und die Männer sangen fröhlich bei der Arbeit, die Arbeit ging schnell voran.

„Wenn du ein Schiff bauen willst, dann trommle nicht Männer zusammen um Holz zu beschaffen, Aufgaben zu vergeben und die Arbeit einzuteilen, sondern lehre die Männer die Sehnsucht nach dem weiten, endlosen Meer."

Antoine de Saint-Exupéry

Die dritte Quelle heißt Sinnhaftigkeit!
Hast du den Sinn deines Schaffens und Gestaltens erkannt, benötigst du keine Motivation von anderen, denn sie quillt aus dir heraus, in Form von Fleiß und Begeisterung.

Dein Adler spricht...

„Sinnhaftigkeit ersetzt ständige Motivation."

Begegnung Nr. 27

Erfolg beruht auf Kontakten und auf der Qualität der Kontakte!

„Kontakte schaden nur dem, der sie nicht hat!"

Klaus Klages

Die Menge der Kontakte erhöht deine Möglichkeiten. Das weiß jeder.

Dein Adler spricht...

Du hast so viele Kontakte,
wie du bereit bist, zu bekommen.

Hier liegt ein wesentlicher Punkt, nämlich die Frage, ob du dafür bereit bist, dass Kunden mit dir Kontakt wollen? Die Hühner sagen: „Ja, selbstverständlich!" Nur, der Unterschied zwischen Adler und Huhn liegt darin, dass die Adler es dem Kunden leicht machen und die Hühner ihm eher Barrieren in den Weg legen, um mit ihnen in Kontakt zu kommen.

An einem typischen Beispiel kannst du erkennen, ob du ein „Kontaktverhinderer" (Huhn) oder ein „Kontaktunterstützer" (Adler) bist.

Das Beispiel ist der Text auf dem Anrufbeantworter. Jeder hat dafür Verständnis, dass du nicht immer im Büro bist. Allerdings sollte die Ansage auf dem Anrufbeantworter eine Einladung zum Kontakt sein und nicht den Anrufer abweisen.
Hier sind Beispiele für Kontaktverweigerung oder Hühnersprache auf dem Anrufbeantworter:
„Leider rufen sie außerhalb der Bürozeiten an",
„Leider sind wir im Moment nicht erreichbar!" oder
„Unsere Zentrale ist zur Zeit nicht besetzt."

Adlersprache geht so:
„Herzlichen Dank für ihren Anruf. Bitte nennen sie uns ihren Namen und ihre Telefonnummer, wir rufen sie gern zurück."
Oder:
Vielen Dank für ihren Anruf. Sie erreichen uns am Besten in der Zeit von 7.30 Uhr – 18.30 Uhr.

Ich glaube, der Unterschied ist eindeutig.
Adlersprache ist die Sprache, die dir und deinen Kunden einen Weg zum Kontakt ermöglicht.

Erfolg beruht auf Kontakten und auf der Qualität der Kontakte!

Dein Adler spricht...

„Dein freundliches Lächeln wird auch durch das Telefon gehört und „gesehen"."

„Lebe nie ohne zu lachen, denn es gibt Menschen, die von Deinem Lachen leben!"

Begegnung Nr. 28

Menschen machen immer das Gleiche und erwarten andere Ergebnisse!

„Die Definition von Wahnsinn ist, immer wieder das gleiche zu tun und andere Ergebnisse zu erwarten."

Albert Einstein

Alle wollen, dass es gut wird. Wenige erreichen das. Warum?

Der Schlüssel zum Verständnis des folgenden Zitats ist das „Anders Machen".

„Ob es besser wird, wenn es anders wird, weiß ich nicht. Dass es anders werden muss, wenn es besser werden soll, ist gewiss."

Georg Christoph Lichtenberg

Das haben diejenigen, die glauben, etwas „anders" zu machen und dabei nichts erreichen, nicht verstanden.

Im Folgenden ist ein Beispiel, das vor Augen führt, was das „Anders Machen" bedeuten kann.

Wohlgemerkt, hier ist nicht der Ort, dir einen Tipp zu geben, was du konkret anders machen kannst. Das wäre angesichts der Komplexität jeder einzelnen Situation nutzlos. Wertvoller für dich ist es, sozusagen das Muster des „Anders Machens" mitzunehmen und in deinen Alltag zu übersetzen.

Gehen wir einmal davon aus, dass du erfolgreich bist und jetzt vor der Aufgabe stehst, besser zu werden oder wieder gut und erfolgreich zu werden, den „Karren aus dem Dreck zu ziehen".

Hier ist das Muster des „Anders Machens":

Die Metapher von den Galeeren

Als alle Welt noch mit Galeeren fuhr,
warst du in der ersten Reihe oder
du warst gut im Rennen.
Die Welt entwickelte sich nun weiter,
das Zeitalter der Galeeren wurde durch die
Dampfschifffahrt abgelöst.
Links und rechts sieht man bereits Dampfer fahren,
während du noch in der Galeere ruderst.
Du ruderst schneller, bleibst noch vorne an der
Spitze,
weil die Dampfer noch etwas anfällig und noch in
der Testphase sind.

Dein Team auf den Galeeren ist stolz,
da sie es mit den Galeeren weit gebracht
haben und deshalb vertrauen sie auf sie.
Nichts kann sie anfechten und bewegen, auf
Dampfer umzusteigen.
Manche fühlen sich durch einen Wechsel auf ein
Dampfschiff angegriffen, so sehr sind sie mit der
Galeere und dem Denken dieser Zeit verbunden.
Der Betrieb der Dampfer braucht andere
Arbeitsvorgänge, andere Organisation und ein
anderes Verständnis von Arbeit.
Ja, man lebt damit in einer anderen Welt.
Diesen Sprung will und kann die Mannschaft nicht
von allein vollziehen.
Schließlich - um etwas zu tun - überzieht man
die Ruderknäufe mit Gold und nutzt ein neues,
leichteres Holz für die Ruder.
Es rudert sich besser und man rückt enger
zusammen, sodass die neue Zeit einem nichts
anhaben kann.
Wir schaffen es auch so, den Anschluss an den
Markt zu halten, war die Meinung.
Schließlich kaufte der Reeder Dampfschiffe, um den
Anschluss zu halten.

Nur – die Mannschaft wurde auch mit den Dampfschiffen nicht schneller.
Sie ruderten sie, wie eine Galeere und keiner konnte erkennen, warum es nicht schneller voran ging.

„Wir haben doch alles getan", hörte man die Mannschaft sagen.

Das „Anders Machen" ist - um in der Metapher zu bleiben - das Umsteigen vom Ruderboot in ein Dampfschiff und das erfordert umdenken. In der einen Situation mehr und in der anderen Situation weniger. Adler sind bereit, aus der Komfortzone herauszufliegen und umzudenken.

Dein Adler spricht...

„Wer nicht mit der Zeit geht, geht mit der Zeit!"

Josef Neckermann

Begegnung Nr. 29

Alexander Munke persönlich: Verbindlichkeit verbindet

„Wir müssen das, was wir denken, auch sagen.
Wir müssen das, was wir sagen, auch tun.
Und wir müssen das, was wir tun, dann auch
SEIN."

Alfred Herrhausen

Es wird viel gedacht im Hühnerstall und viel gegackert. Ein sehr bedeutsamer Unterschied zwischen Adlern und Hühnern ist die Verbindlichkeit. Bei Hühnern steht ein Wort am Anfang und am Ende des Tages ist es eine Phrase.

Menschen vertrauen Menschen, wenn sie sich auf das verlassen können, was gesagt wird. Dieses Vertrauen ineinander ist die Basis für erfolgreiches Zusammenleben und Zusammenarbeiten, schon immer.

Das gilt nicht nur in der Begegnung, das gilt auch im Verhältnis zu sich selbst.

Selbstbewusstsein ist das Bewusstsein, dass ich mich selber auf das verlassen kann, was ich sage. Es ist das Bewusstsein, dass ich tun werde, was ich sage und letztlich:

Dass ich das bin, was ich sage.

Das ist die Erkenntnis des Adlers und danach lebt er.

Wir alle wollen und sollen uns entwickeln, das ist menschliches Privileg. Dieses Buch ist ein Beitrag zur persönlichen Entwicklung. Bei dieser Entwicklung hast du immer Partner.
Adler sind authentisch und unterstützen dich in jedem Fall. Ob diese Unterstützung erfolgreich ist, hängt von dir ab.

Fliege mit den Adlern!

Ich wünsche dir immer viel Wind unter deinen Adlerflügeln!

Und nun meine lieben AdlerFreunde, lasst mich noch diesen Gedanken mit euch teilen.
Es kommt nach Seminaren und Vorträgen immer wieder einmal vor, dass mich ein Teilnehmer persönlich anspricht und fragt:
„Mein lieber Alexander Munke, jetzt einmal ganz ehrlich und Hand aufs Herz.

Alexander Munke persönlich: Verbindlichkeit verbindet

Gibt es nicht auch in Ihrem Leben Tage, an denen Sie ein Huhn sind?

Gibt es nicht auch in Ihrem Leben Tage, an denen Sie ängstlich, verzweifelt oder unsicher sind?

Gibt es nicht auch in Ihrem Leben Tage, an denen Sie nicht so gut drauf oder gar traurig sind?

Gibt es nicht auch in Ihrem Leben Tage, an denen Sie ungerecht oder gar böse sind?

Da stehe ich nun mit meinen ca. 2 m Körpergröße, gerade noch auf der Bühne als ADLER geflogen.

Mit riesiger Spannweite, von euch getragen und mit euch unter meinen Fittichen.

Noch berauscht von der Atmosphäre im Saal und nach kurzem Sortieren antworte ich:

„Jawohl, es gibt diese Tage an denen ich ängstlich bin oder unsicher. Ja, es gibt diese Tage, an denen ich verzweifelt oder nicht so gut drauf bin. Tage, an denen ich traurig bin. Und ganz sicher gibt es auch Situationen, in denen ich ungerecht bin."

Und ich ergänze:

„Ich will Ihnen jedoch eines deutlich machen: Auch an diesen Tagen bin ich ein Adler! An diesen Tagen bin ich eben ein Adler, der verzweifelt ist, der ängstlich ist oder unsicher.

An diesen Tagen bin ich ein Adler, der traurig oder nicht gut drauf ist. In diesen Situationen bin ich auch ein Adler, der ungerecht sein kann.

Ja, ich bin auch in diesen Tagen oder in diesen Situationen ein Adler und **niemals** ein Huhn." ...

Wir sind Menschen!

Menschen aus Fleisch und Blut

Menschen mit Stärken und Schwächen

Menschen mit Höhen und Tiefen

Menschen im Licht und im Dunkeln

Menschen im Lärm und in der Stille

Menschen in der Wärme und in der Kälte

Menschen, die lachen und die weinen

Menschen mit Freude und Trübsal

Menschen mit Mut und Angst

Menschen im Gestern und im Morgen

Menschen im Hier und im Jetzt

Menschen in der Hoffnung und in der Verzweiflung

Menschen in der Güte und im Zorn

Menschen im Guten und im Unguten

Menschen in der Liebe und im Leben

– DANKE –

Für jeden einzelnen bin ich sehr dankbar und freue mich auf viele weitere Begegnungen mit euch allen!

Und nun lasst mich aus vollem Herzen DANKE sagen. Danke an meine Familie, insbesondere an meine Geschwister und an meine Kinder. Danke an meine Freunde und Wegbegleiter, danke an meine „Lehrer des Lebens", danke an die, die an mich glauben und mich lieben. Danke für euer Lob und für euren Tadel. Danke, dass ihr mir zuweilen den „Spiegel" vorhaltet und mir helft, besser zu werden.
Ich sage Danke für all´ diese wunderbaren Begegnungen.
Danke allerdings auch an die Widersacher, die mich belächelt haben und die nicht an mich geglaubt haben. Auch die haben mich stark gemacht!

> *„Ich danke euch für alles,*
> *was ihr für mich getan habt*
> *und auch für das,*
> *was ihr nicht für mich getan habt!"*

Alle diese Menschen haben mich, auf die eine oder andere Weise, auf meinem Weg begleitet. Und nun bin ich der, der ich bin.

DANKE

Die zahlreichen positiven Rückmeldungen meiner Gäste zu den Seminaren und Vorträgen sind der „Wind unter meinen Adlerflügeln". Sie erfüllen mich mit Stolz und Freude und sind mein ständiger Auftrieb.
Einige will ich gerne mit euch teilen:

Hallo Herr Munke,

hier eine nette Mail für Sie...;-)"Ich war am WE in Dresden auf Ihrem Vortrag „Adlerseminar". Meine Kollegin und ich waren so begeistert, dass wir unsere Chefin direkt hinterhergeschickt haben. Wirklich eine tolle Sache. Meine Chefin überlegt auch Sie für unseren Betrieb als Coach zu engagieren. Ich wünsche Ihnen einen tollen Tag und sende freundliche Grüße..."

Hallo Herr Munke ,

ich hatte das große Vergnügen gestern Abend in Saarbrücken Ihren Vortrag- Auftritt mit zu erleben. Es war einfach super !!! Da ich schon über 40 Jahre im Kundendienst tätig bin, habe ich auch schon einiges an Vorträgen erlebt. Sie und Ihr Vortrag sind jedoch das Sahnehäubchen der erlebten Vorträge.
Herzlichen Dank

DANKE

Einen wunderschönen guten Morgen,
ich konnte gestern an ihrem Adlerseminar teilnehmen. Was soll ich sagen, es hat mir ausnahmslos gut gefallen. Einfach eine runde Sache. Vielen Dank :o).
Im Anhang habe ich ein Foto beigefügt, das einen glücklich, motivierten Seminarteilnehmer zeigt. (Der Adler hat bereits einen Stammplatz auf meinem Schreibtisch :o))

Viele liebe Grüße aus der Apfelstadt

Sehr geehrter Herr Alexander Munke,
vielen Dank für das mitreißende und amüsante Seminar. Das war mal ein Seminar AAAAA. Vielen Dank dafür. Ich wünsche Ihnen weiterhin viel Erfolg bei Ihrer Arbeit und der ist Ihnen garantiert. Denn wer seine Arbeit mit dem Herzen macht, der überzeugt. Das ist auch der Weg, der mich stets begleitet. Ich verabschiede mich mit einem Lächeln.
Mit freundlichen Grüßen

DANKE

Hallo Herr Munke,

vielen herzlichen Dank für Ihren interessanten Vortrag auf der Tagung über Hühner und Adler. Gerade der kleine Stoffadler hat auf der Rückfahrt im Zug unsere Phantasie beflügelt.

Einen wunderschönen guten Abend, Herr Munke!
Ich hatte am vergangenen Samstag in Dresden das große Glück, ein Adlerseminar von Ihnen erleben zu dürfen!
Herzlichen Dank dafür! Sie haben mich mit Ihren Worten, Gesten und der Musik tief emotional berührt. Dieses Erlebnis hat mich im richtigen Moment gefunden. In der Zwischenzeit beobachte ich Adler und Hühner am Arbeitsplatz.....und mein eigenes Verhalten. Ich werde die Hoffnung nicht aufgeben, dem Hamsterrad zu entfliehen!
Ihnen wünsche ich weiterhin ein frohes Herz, Freude bei Ihrer Arbeit und das Sie allzeit bei sich sind!

DANKE

Hallo Alexander,

das war WIRKLICH ein großartiger und sehr wertvoller Tag für mich, hab ganz herzlichen Dank! Die Inhalte kann man ja noch irgendwie voraussetzen, aber das WIE hatte ich so nicht erwartet!

Ich finde Deine Art umwerfend, Deine Leidenschaft, Du gibst ja wirklich alles, hängst Dich rein, schmeißt Dich rein, als ginge es um Dein Leben! Was für ein Einsatz! Den hab ich echt bewundert! Deine Freude an all diesen Dingen.

Außerdem bist Du ja hochmusikalisch und hast so eine schöne Stimme – und kannst mit ihr ja **alles** machen! Echt: WOW!!!!

(Ich bin die Opernsängerin aus Hannover, die seit 36 Jahren auf Juist Urlaub macht und jedes Sandkorn kennt, wir haben ja kurz gesprochen.)

Danke und alles Gute zu Dir, erhol Dich gut und komm bald wieder!

Alles Liebe!

Ulrike

Von ganzem Herzen wünsche ich euch allen den Erfolg, den ihr verursacht!

Herzlichst
Alexander Munke

P. S. Und wenn dir jemand zuruft:
„Du hast wohl einen Vogel!", dann sage stolz:
„Genau so ist es und das ist auch gut so".

Das AdlerSeminar MotivationsWorkbook

Liebe Adler-Freunde,

zur Vertiefung und Nachbereitung für weitere Flüge mit dem Adler ist dieses WORKBOOK entstanden.

Impulse - Anregungen - Tipps Inspiration - Zitate – Ideen

Arbeitsblätter – Werkzeuge - Gedanken – Humor

Artikelnummer: 16014

Preis: 12,00 Euro (inkl. MwSt., zzgl. Versand)

Erfolg mit "Herz, Mut und Verstand"
Dienstleistungsbegeisterung und Begegnungsqualität

Referent · Coach · Trainer · Moderator mit großer Nachhaltigkeit

Das Feuerwerk aus Theorie und Praxis, Musik und Interaktion ist für die Teilnehmer ein inspirierendes und motivierendes Erlebnis

Die Seminare und Vorträge sind geprägt von seiner unnachahmlichen Art, komplexes Wissen einfach, praxisnah und anwendbar darzustellen

Erfolg, Führungskompetenz und überzeugende Ausstrahlung sind für Alexander Munke zuerst eine Frage der Einstellung und erst dann des Wissens

Mit der Adlersprache Menschen begeistern und Kunden gewinnen

Die positive Kraft der Emotionen, sind Sie selbst positiv und begeistert, dann strahlen Sie dies auch aus

Neue Schubkraft zum Durchstarten für Ihr Unternehmen, ihre Führungskräfte und ihre Mitarbeiter

"Hilf anderen auf die Beine ohne ihnen dabei auf die Füße zu treten"

Ganzheitliches Sehen für die volle Fahrt voraus. Jeder ist wichtig!

„DAS GANZ BESONDERE EVENT!"
Für Sie und Ihre Gäste

Alexander Munke

„Lieder und Gedanken zur Gitarre"
Heiter – besinnlich - humorvoll

Unsere Idee für Sie:

Wir gestalten gemeinsam ein besonderes Buffet für Ihre Gäste.

Sie sorgen für schmackhafte Gaumenfreuden und den richtigen Tropfen
und wir legen reichlich Nahrung für Herz, Geist und Gehör
mit auf dieses einzigartige Buffet,

SIE und Ihre Gäste werden beGEISTert sein!

Vereinbaren Sie mit uns einen Termin unter:
Tel. 0511 – 4383868
info@alexander-munke.de

Produkte aus dem Adlerhorst-Onlineshop
Wenn du glaubst, ich habe was zu verkaufen,
dann liegst du richtig.

Artikelnummer: 16012

Doppel-DVD zum 15-jährigen Jubiläum...
Doppel-DVD mit über 2,5 Stunden Videomaterial und Bonustracks.

Preis: 49,90 Euro (inkl. MwSt., zzgl. Versand)

Artikelnummer: 16008

Multipack mit 4 Audio-CDs und Booklet.
Das Adler-Seminar als Live-Mitschnitt.

Preis: 48,00 Euro (inkl. MwSt., zzgl. Versand)

Artikelnummer: 16011

Live-Zusammenschnitt als DVD
kurz und knackig
Gesamtlänge: ca. 27 Minuten

Preis: 20,00 Euro (inkl. MwSt., zzgl. Versand)

Produkte aus dem Adlerhorst-Onlineshop
Wenn du glaubst, ich habe was zu verkaufen,
dann liegst du richtig.

Artikelnummer: 16004

Hervorragend zum Jonglieren und Training geeignet

3er Set mit 70 mm großen Jonglierbällen aus weichem Kunstleder gefüllt mit Kunststoffgranulat.
Material: Kunstleder und Kunststoffgranulat
Farbe: bunt
Maße: Ø 70mm

Preis: 10,00 Euro (inkl. MwSt., zzgl. Versand)

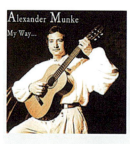

Artikelnummer: 16001

Ein kleiner Einblick in das Repertoire von Alexander Munke:
- Über den Wolken
– Ich liebe Dich
- Zeugnistag
- Gute Nacht Freunde
- My Way
– Strangers in the night
– und viele mehr ...
(Insgesamt 21 Titel)

Preis: 17,00 Euro (inkl. MwSt., zzgl. Versand)

Artikelnummer: 16013

Plüschadler

Zur Erinnerung und Inspiration begleitet Sie dieser kleine "Coach" auf all Ihren Wegen.
13 cm

Preis: 7,00 Euro (inkl. MwSt., zzgl. Versand)